Daniel Meurois

Die Jesus-Methode

Daniel Meurois

DIE JESUS METHODE

Aus dem Französischen von Monika Gödecke

SILBERSCHNUR VERLAG

Veröffentlicht in Partnerschaft mit Maurice Baldensperger und Francis Hoffmann GbR »Publish Vision«; info@publishvision.de, www.publishvision.de

ISBN: 978-3-89845-682-1

1. Auflage 2021

Übersetzung: Monika Gödecke
Umschlaggestaltung & Satz: XPresentation, Güllesheim; unter Verwendung eines Motives von © Natalia Sedyakina; www.shutterstock.com
Druck: Finidr, s.r.o. Cesky Tesin

Verlag »Die Silberschnur« GmbH · Steinstraße 1 · D-56593 Güllesheim
www.silberschnur.de · E-Mail: info@silberschnur.de

Für alle,
die mit offenem Herzen ehrlich daran arbeiten,
ihr geistiges Auge zu vereinheitlichen.

Inhaltsverzeichnis

Vorwort

Wenn ich die Inkarnationen, an die ich mich noch im Einzelnen erinnere, Revue passieren lasse und dabei von den zum Teil recht schweren Belastungsproben, die sie enthielten, einmal absehe, bleibt vor allem ein intensiver Eindruck zurück: Das Privileg und Glück gehabt zu haben, vielen Meistern der Weisheit zu begegnen - vor allem aber einen von ihnen wirklich kennengelernt zu haben: Christus in Gestalt des Jesus. Davon habe ich ja schon oft Zeugnis abgelegt.

Jesus - der Rabbi Jeshua, wie wir damals sagten, ist zweifellos der Lehrmeister, welcher 'Himmel und Erde' meiner Seele am meisten prägte ... durch Seine Geistesgröße als Lehrer, aber auch als Mensch - das muss ich noch hinzufügen. Mensch war er in Vollendung, im allernobelsten Sinne des Wortes ... letztlich darin also auch wieder Göttlich - in allen Lebensfacetten voll entfaltet.

Nun wird man mir natürlich entgegnen, das sei nicht besonders originell, wenn es um Denjenigen geht, der seit

2000 Jahren das Bewusstsein zahlloser Menschen geprägt hat. Das stimmt schon, aber muss man in diesem Bereich denn unbedingt 'originell' sein? Es genügt doch, wenn man glücklich ist - und gemerkt hat, dass man einen Schlüssel besitzt. Dieser Schlüssel verleiht tiefe Überzeugungskraft, Stärke und Gelassenheit. Er kann das Herz aufschließen, damit es Liebe lernen kann.

Lassen wir also alle Originalität beiseite. Wenden wir uns entschlossen dem Glück zu - dem einzig wahren Beweggrund jedes Wesens auf seinem Weg durch die Ewigkeit.

Glück? Meines verdankt seine tiefe Verankerung im jetzigen Leben dem Gedächtnis, zu dem ich Zugang habe - und das noch heute jeden meiner Schritte beeinflusst.

Es sind Erinnerungen, die aus dem Akasha stammen. Ich habe sie vor allem darauf verwendet, so genau wie möglich die Lehren Dessen wiederzugeben, der für mich der Meister aller Meister ist ...

Diese Aufgabe ist im Grunde viel zu groß. Sie wird zwangsläufig unvollendet bleiben. Angesichts der zahllosen Horizonte, die dem menschlichen Geist zur Verfügung stehen, ist es geradezu 'eine unendliche Aufgabe'.

Dennoch möchte ich hier konsequent fortführen, was ich an anderer Stelle begonnen habe.

Im vorliegenden Werk geht es mir darum, die Arbeitsmethode, welche ich bereits in 'Ainsi soignaient-ils'[1] angesprochen habe, um wichtige Informationen zu ergänzen.

1) Französischer Originaltitel, das Buch wird zu einem späteren Zeitpunkt auf Deutsch beim Silberschnur Verlag erscheinen.

Seit Erscheinen dieses Buches haben mir viele Menschen geschrieben, weil sie mehr über die Übungen erfahren wollten, die als 'die Methode des Meisters' zusammengefasst sind. Da ich nicht allen eine befriedigende Antwort geben konnte, erschien es mir sinnvoll und wichtig, die Inhalte nun in Form einer spirituellen Praxis vorzulegen. Auch wollte ich sie noch etwas ausschmücken - und zwar nicht nur im Hinblick auf die 'Technik' und deren Auswirkungen auf unsere feinstoffliche Wirklichkeit. Es ging mir auch darum, sie in den Kontext ihrer Zeit zu versetzen, sofern dieser von Bedeutung ist.

Möge dieses Lehrbuch seinem Namen gerecht - und so weit wie möglich verbreitet werden ... denn der Samen, den es enthält, will eingepflanzt werden.

Acht Übungen zum geistigen Wachstum

Die acht Übungen, die ihr auf den folgenden Seiten kennenlernt und vertiefen könnt, sind schon für sich genommen eine wichtige Reinigungsmethode. Sie lassen unser gesamtes Wesen erblühen. Der Meister Jesus selbst hat diese Übungen einem kleinen Kreis von Jüngern zuteilwerden lassen, dem allerdings nicht unbedingt alle Apostel angehörten, deren Namen in der offiziellen Geschichte auftauchen.

Die Gruppe bestand sowohl aus Männern als auch Frauen. Ihre Mitglieder zeichneten sich durch die Fähigkeit aus, sich regelmäßig vertieft mit dem Wort Dessen, Der sie leitete, zu beschäftigen - in alle seiner erneuernden Kraft - und es praktisch umzusetzen.

Ein solcher Kreis würde heute einer Gruppe entsprechen, die der feinstofflichen Anatomie des Körpers offen gegenübersteht - aber auch 'modernen' Vorstellungen der Bewusstseinsentwicklung ... in all ihren Dimensionen.

Auch wenn die Wörter, die damals verwendet wurden, vom heutigen Sprachgebrauch abweichen, entsprechen die dahinterstehenden Begriffe doch jenen, welche seit einigen Jahrzehnten im Abendland üblich sind.

Zum Beispiel sprach man nicht von Chakren, sondern von *Feuerrädern* oder *Tempeln*. Außerdem war eher die Rede von Flüssen, Strömen oder silbernen Bächen als von Nadis ...

Doch auf die Wörter kommt es weniger an ... Es geht in diesem Buch vor allem darum zu vermitteln, was sich hinter ihnen verbirgt: eine vertiefte Einsicht in Körper, Geist und Seele des Menschen ... in Verbindung mit dem Ozean des Lebens.

Vor allem möchte ich die Welle an Liebe und Respekt vermitteln, die mit dieser Verbindung einhergeht. Darum habe ich die acht Übungen der vorliegenden Methode aufgeschrieben.

In diesem Sinne sollen alle Übungsfacetten als gangbarer Weg aufgefasst werden. Es sind keine Zutaten eines Patentrezepts.

Christus sprach durch die Stimme des Meisters Jesus nie von 'Technik' in unserem Sinne, sondern von Verständnis, Liebe und dem Versuch, mit dem *Lebensstrom* zu verschmelzen. Die praktischen Aspekte seiner Lehre waren für Ihn lediglich ein Pilgerstab - eine punktuelle Stütze, die einem hilft, weiterzukommen.

Der Rabbi Jeshua betonte immer wieder, dass seine Methode ohne Ausdauer und Beharrlichkeit keine Früchte tragen wird. Sie kann sich erst voll entfalten, wenn wir für alles, was uns umgibt und in uns lebt - aber auch Das, worin wir leben - Zärtlichkeit empfinden. Das war sein sanfter Anspruch ...

Gut zweitausend Jahre später richtet sich Seine Arbeitsmethode natürlich nicht mehr nur an eine kleine Gruppe Auserwählter, sondern an die wachsende Zahl von Menschen, die endlich begriffen haben, dass sie 'ihr eigenes Feld bestellen müssen', um Grenzen einzureißen - sowohl im Hinblick auf ihre Umwelt als auch die Menschheit selbst.

Bereits durch ihre Anzahl verweisen die acht Übungsphasen der 'Methode des Meisters' symbolisch auf die Unendlichkeit. Außerdem kündigt sich mit dem Entstehen eines achten Chakras, das über die traditionellen sieben hinausgeht, ein neuer Lebensimpuls an. Es geht also um Erneuerung.

Gerade dieses achte Chakra wollte uns Christus mit seiner Erweckungspraxis nahebringen und erblühen lassen. Wer die innere Stärke und Ausdauer aufbringt, es wahrzunehmen und vor allem auch zu leben, wird seine Kraft bald spüren. Es zeigen sich dann rasch Veränderungen in der Art zu denken, zu sein und die Dinge zu sehen ... Das ist anfangs nicht unbedingt angenehm, doch kein Grund zur Sorge. Störungen sind nur vorübergehende Erscheinungen. Sie kommen vom grundlegenden Umbau des Innenlebens hin zu einem erweiterten, viel liebevolleren Bewusstsein.

Erlebt ein aufkeimender Samen nicht immer so etwas wie eine Geburt? Mit seiner berstenden Schale kann er sich nicht lange aufhalten. Vertrauensvoll gibt er sich dem wirbelnden Aufstieg des Lebensstroms hin.

Dafür sind Kraft und Ausdauer ganz entscheidend. Das möchte ich eigens betonen.

Als der Meister uns seine Methode nahebrachte, wies er eindringlich darauf hin, dass sie nicht wie eine Traube sei, von der man hin und wieder naschen kann, wenn man gerade Lust hat. Das würde zu nichts führen. Damit eine Methode ihren Namen verdient und die erhoffte Wirkung erzielt, ist es wichtig, sie als einheitliches Ganzes zu sehen - nicht als zufällige Anordnung ein paar kleiner Übungen. Es ist ihr erklärtes Ziel, unser ganzes Wesen umzubauen ... mit allem Aufwand, den das mit sich bringt.

Eine Frage brannte dem Meister ständig auf den Lippen und auch ich habe sie mir seit vielen Jahren zu eigen gemacht: "Was wollt ihr eigentlich genau?"

In den Worten der damaligen Zeit würde ich sagen, Jeshua ließ uns wissen, dass Er jedem die Hand reichte - der *mehr wollte*, als nur sein Haus neu zu verputzen, damit es besser aussieht. Sein Anliegen war es, jene zu unterstützen, die ihrer Wohnung ein hohes Zimmer hinzufügen wollten. Das muss man wohl nicht weiter erklären ...

In dieser Gesinnung sollte man sich Seiner Methode nähern. Die einzelnen Übungsabschnitte müssen in einem bestimmten Rhythmus ausgeführt werden - und mit einer inneren Sammlung, die keinen Raum lässt für geistige Abschweifungen.

Allerdings soll es auch nicht als anstrengende, undankbare Aufgabe aufgefasst werden. Solch bitterer 'Ernst' würde nicht zur Atmosphäre passen, in der sie uns vor 2000 Jahren nahegebracht wurde. Im Grunde ist es überhaupt keine 'Arbeit' im heutigen Sinne. Ein Geheimnis des Gelingens der Übungen liegt gerade darin, sie als freudige Begegnung aufzufassen, die täglich stattfindet.

Es wird uns also von Anfang an Kraft und Ausdauer abverlangt? Ja natürlich ...

Vor allem müssen wir darauf achten, die Übungen in aller Schlichtheit und Wahrhaftigkeit auszuführen, nicht etwa wie einen Hindernislauf. Es geht nie darum, in irgendeiner Weise zu 'agieren'. Ihr müsst nichts 'vormachen', niemandem etwas beweisen, ihr sollt euch nur ganz sanft euch selbst nähern - mit all euren Stärken und Schwächen.

Am besten macht ihr euch folgenden Rhythmus zu eigen:

Jede der beschriebenen Phasen sollte eine Woche lang ausgeführt werden, also sieben Tage hintereinander. Insgesamt lernt man also acht Wochen daran. Danach übt man eine Phase pro Tag, also zum Beispiel am Montag die erste, am Dienstag die zweite usw. ...

Dann kann man entweder aufhören ... oder weitermachen und acht Wochen lang wieder eine Phase pro Tag üben.

Wie in vielen anderen Bereichen auch, gab uns Christus jedoch den allgemeinen Rat, es nicht zu übertreiben. Zwei Übungsperioden pro Jahr sah er für die meisten Menschen als völlig ausreichend an.

Wir dürfen nicht vergessen, dass über die einzelnen Chakren unser ganzes Wesen gereinigt wird. Wird diese Reinigung regelrecht ausgeführt - also mit glasklarem Geist - so führt sie zu Harmonie. Übertreibt man es hingegen damit und legt zu viel Willenskraft hinein, so ist das, als würde man zu wild mit zu viel Scheuermittel putzen. Das führt eher ins Ungleichgewicht. Der Meister Jesus war gewiss nicht für Lauheit, aber doch für ein gesundes Gleichgewicht 'zwischen Feuer und Wasser'. Er nannte das 'weises Wissen'. Es ist wie Dampf, der von selbst aufsteigt.

Zur Gesinnung, in der diese Übungen ausgeführt werden sollen, möchte ich noch Folgendes sagen: Es ist gut möglich, dass es einem zunächst schwerfällt, eine der acht Phasen oder einzelne Schritte in die Praxis umzusetzen, vielleicht sogar bei mehreren Phasen. Es mag sein, dass man sich einfach unwohl fühlt, außerdem können Schwindelanfälle auftreten. Für den Fall, dass sich solche Zustände zeigen, verweise ich am besten auf den Rat des Meisters selbst. Wir sollten nicht über unsere Grenzen gehen, sondern die Übung dann besser auslassen und einfach mit der nächsten weitermachen. So verhindern wir, dass aus einer vorübergehenden Schwierigkeit oder Unfähigkeit eine unüberwindliche Barriere wird - also ein echtes Problem. Viele Grenzen, auf die wir stoßen, aber auch Anspannungen, die wir empfinden, verschwinden von selbst, wenn wir uns nicht zu sehr darauf fixieren.

Sollte wirklich Unbehagen auftreten, so ist es sehr wichtig, herauszufinden, welcher Bereich des Körpers, der Seele oder des Geistes blockiert ist. Es geht freilich nicht darum, das intellektuell zu erfassen, um ihn für irgendetwas verantwortlich zu machen, sondern von diesem Punkt aus eine Bewusstseinsbewegung in Gang zu setzen. Nehmen wir einmal an, dass sich während der Übung im Bereich des Halses oder Zwerchfells eine Blockade einstellt. Man sollte dieser Region dann Zeit geben, sich auszudrücken.

Was möchte sie uns mitteilen - oder nicht mehr sagen - und wofür steht sie? Was symbolisiert sie ganz allgemein gesprochen?

Mit diesem Rat legte der Meister den Akzent auf den meditativen Charakter solcher Überlegungen. Es kam für ihn nicht infrage, einen inneren Kampf auszufechten und irgendeine Körperregion für etwas verantwortlich zu machen. Wir sollten vielmehr in einen innigen Dialog mit ihr treten, um sie von ihrem Leid zu befreien. Aus Seiner Sicht hatte jedes Organ und jede Körperfunktion ihre eigene Weisheit. Wir sollten in uns hineinlauschen, um uns mit ihr zu verbinden. Aus Sicht des Meisters war sie ein Mosaikstein der allgemeinen Weisheit. In seinen Augen war es nicht notwendig, die Ursache des Leidens einer bestimmten Region oder eines Organs genau zu kennen oder benennen zu können. Das möchte ich eigens betonen. Er warnte uns davor, uns mental auf etwas zu fixieren, wie es bei Meditation und Selbstergründung gelegentlich geschieht. Das Entscheidende bei seinen Übungen war stets der innere Dialog und gute Umgang mit der kritischen Region.

In der Praxis lässt sich leicht feststellen, dass es für die Entlastung einer Organfunktion nicht unbedingt hilfreich ist, das Problem genau zu benennen. Mindestens ebenso wichtig ist es, ihm liebevolle Aufmerksamkeit zu schenken und es von jeder Schuld freizusprechen.

Abschließend möchte ich darauf hinweisen, dass es für die Reinigung und damit einhergehende Selbsterhebung ganz entscheidend ist, alle acht Übungsphasen glatt durchzuführen. Geschmeidigkeit kann nur gelingen, wenn man jeden Leistungsanspruch und Konkurrenzgedanken hinter sich lässt, vor allem beim gemeinsamen Arbeiten der Gruppe.

Gewiss geht es bei jeder Übung auch um die Beherrschung einer Technik. Diese ist jedoch hier kein Hinweis darauf, wie weit man geistig schon gekommen ist. Auf dem Entwicklungsweg des Bewusstseins und Herzens sind wir stets Schüler des Lebens. Es ist kein Wettstreit und man bekommt auch kein Diplom ... einfach weil es keine Zielgerade gibt. Gerade darin liegt die Schönheit und Größe ...

1. Phase

Die Reinigung des Wurzelchakras

Die Lehre zur Reinigung des Basischakras wurde uns vor zweitausend Jahren zuteil, auf dem Gipfel eines Berges, der heute 'Berg der Seligpreisungen' genannt wird. Es ist eine Erhebung am See Genezareth. Der Ort war ganz bewusst gewählt ... wie alles, was ein Meister der Weisheit tut, insbesondere ein Avatar. So rief der Rabbi Jesus uns auf seine Weise einen berühmten Ausspruch in Erinnerung, der Hermes Trismegistos zugeschrieben wird: "Wie oben - so unten, wie unten - so oben."

In diesem Zusammenhang bedeutet das, die Energie im unteren Bereich des menschlichen Körpers ist ebenso wertvoll und achtenswert wie die Energie im Bereich des Kopfes.

Über das erste Chakra auf einem Bergesgipfel zu sprechen kam für Ihn einer symbolischen Rehabilitierung gleich. Er führte uns damit vor Augen, wie nah diese Kraft dem Himmel doch ist, trotz ihrer intensiven Verbundenheit mit dem Erdenelement.

Theoretisch standen wir dieser Auffassung offen gegenüber, obgleich sie dem Gedankengut der Anachoreten, die alles Materielle kategorisch ablehnten, weitgehend entgegenstand. In der Praxis jedoch, war unsere Aufgeschlossenheit weniger selbstverständlich - obwohl die kleine Gruppe vor allem aus Menschen aus dem Volk bestand, die körperliche Arbeit und den direkten Kontakt mit der Natur gewöhnt waren.

Warum? Nun, weil Seelen, die den sogenannten 'spirituellen Weg' gehen, sich unwillkürlich 'nach oben' orientieren und das 'Untere' mit Versklavung und Gefangenschaft in Verbindung bringen.

Als Folge eines über Jahrhunderte gehegten Dogmatismus, der mit wahrhaft christlichem Denken wenig zu tun hat, ist das bis heute eine gängige Vorstellung.

Wir waren einfache Menschen und so war die Einsicht, dass der Meister 'das Untere nach oben verlegen konnte', für uns damals eine kleine innere Revolution. Inzwischen ist es nicht mehr ganz so. Unser Geist ist reger, intellektuell beweglicher geworden. Dennoch ist es nach wie vor schwer, sich dieser Einsicht zu öffnen.

Die meisten von uns sind vom unmittelbaren Kontakt mit der Nährmutter Erde abgeschnitten. Viele Menschen denken, eine Handvoll Erde sei schmutzig - und man müsse sich schnell die Hände waschen, wenn man sie berührt. Diese Haltung spricht Bände.

Daher erteilte uns Christus, bevor wir die Übung zur Entfaltung der Kraft des Wurzelchakras aufnahmen, erst eine Lehre. So konnten wir uns diesem Bereich mit gebührendem Respekt nähern.

Man darf nicht vergessen, dass Er selbst jüdische Wurzeln hatte, auch wenn die lange, siebzehn Jahre währende Reise nach Indien und in den Himalaya in seiner Jugend Ihm natürlich den energetischen Zugang zum Menschen eröffnet hatte. Die esoterische Tradition des Judentums, die Kabbala, war Ihm alles andere als fremd.

Daher zögerte Christus nicht, den Lebensbaum der Kabbala und die Sephiroth[2] mit dem orientalischen Chakren-System in Verbindung zu bringen. Dem Wurzelchakra - auf Sanskrit Muladhara genannt - entspricht das Malkuth der kabbalistischen Tradition.

Es ist das Reich der Mutter Erde, Fundament und Stütze. Niemand kommt auf seinem Einweihungsweg daran vorbei.

Dem Meister zufolge erscheint uns dieses Reich als riesige Höhle voller Edelsteine und anderer seltener Steine. Sie verweisen bereits auf den Diamanten des Bewusstseins, also den höchsten Punkt des menschlichen Wesens.

Ich erinnere mich, dass Jeshua, als er zum ersten Mal von seiner Reinigungsmethode erzählte, sagte, wir sollten uns diese Grotte immer wieder wie eine Geode bildlich vor Augen stellen. Die Kristallisationen in diesem Hohlraum

2) Vgl. Die Tafel am Ende des Buches, S. 129.

haben bestimmte Energien. Sie entsprechen den schöpferischen Kräften, die unser Körper im Laufe der Zeit entwickelt hat. So sagte er. Sie sind also eine Art Gedächtnis der menschlichen Fähigkeiten.

Anders, als man vielleicht denken könnte, riet Er uns, diese Übung sowohl im Stehen - bei festem, sicheren Stand - als auch in der klassischen Meditationsposition auszuführen.

Warum im Stehen? Weil die Fußsohlen in direkter Verbindung zum Basischakra stehen und daher heilig sind. Das lehrte Er uns.

Insofern ist das in vielen Kulturen praktizierte Ritual der Fußwaschung eines spirituellen Meisters weit mehr als eine demütige Verehrungsgeste. Es ist Ausdruck einer ganz bewussten, respektvollen Anerkennung jener Kraft, die dem Lehrmeister einen Körper verliehen hat, damit Er seine Aufgabe vollbringen kann.

Einem Meister die Füße zu waschen ist ein Dank an Sein Auftreten auf dem physischen Plan, im Wissen, dass die Materie, die Seine Inkarnation ermöglicht, ein unabdingbares göttliches Werkzeug darstellt.

Da der untere Teil des Körpers, gerade auch die Füße, eine so wichtige Rolle spielen, war es für den Rabbi Jeshua entscheidend, sie regelmäßig zu pflegen und zu reinigen, genau wie andere Körperteile auch, die zumeist für edler gehalten werden.

Kommen wir nun also zur Reinigungsübung des ersten Chakras, wie sie uns vermittelt wurde. Ich werde immer zunächst einen kurzen Überblick über den Übungsablauf geben und in einem zweiten Schritt die einzelnen Etappen ausführlich behandeln.

a) Wir sitzen mit geschlossenen Augen bequem auf dem Boden und legen zuerst einmal unsere Hände mit den Handflächen nach unten auf die Knie.

b) Dann atmen wir ein paar Mal langsam ein und aus. Sobald wir innerlich zur Ruhe gekommen sind, richten wir unsere Aufmerksamkeit auf den unteren Bereich unseres Körpers und versuchen dabei Wurzeln wahrzunehmen, die in den Boden eindringen. Mit anderen Worten, wir geben uns Mühe, wie eine Pflanze oder ein Baum zu werden. Es ist wichtig, diese innere Haltung beizubehalten, bis der gesamte Körper sich so schwer anfühlt, als würde er magnetisch von der Erde angezogen. Idealerweise sollte sich diese Wahrnehmung verstärken, bis wir schließlich das Gefühl haben, in den Boden einzusinken.

c) Nun richten wir die Aufmerksamkeit auf eine Stelle 'irgendwo' oberhalb unseres Kopfes, etwa fünfzig Zentimeter über unserem Haupt. Dort versucht unser Bewusstsein nun, eine schöne Sphäre aus weißem Licht wahrzunehmen.

d) Sobald wir sie spüren, laden wir sie ein, langsam zu uns herabzusteigen und zwar bis ganz hinunter an die Basis unseres Körpers. Sie soll uns ein, zwei Minuten lang mit ihrem mondfarbenen Leuchten erfüllen, je nachdem, wie lange wir diesen Zustand aufrechterhalten können.

e) Das letzte Stadium der Übung besteht darin, ganz langsam einzuatmen und den weißen Glanz, der in unser Wurzelchakra eingedrungen ist, als leuchtende Schlange wahrzunehmen, die sich ganz langsam um sich selbst dreht. Sobald dieser Eindruck stabil ist, aktivieren wir diese 'Schlange'. Wir atmen langsam aus und spüren, wie sie beginnt, sich in unserem Inneren schneller zu drehen. Die Bewegungsrichtung der Spirale verläuft bei der Einatmung von der Vorderseite des Körpers nach hinten. Bei der Ausatmung ist es umgekehrt.
Die letzte Etappe sollte mitsamt der Ein- und Ausatmung idealerweise sieben Mal wiederholt werden. Zwischen den einzelnen Zyklen macht man eine kleine Pause und lässt den Atem frei fließen.

Nehmen wir uns die genannten Etappen noch einmal vor. Die Wirkung einer Übung ist umso intensiver, je besser man ihre grundlegenden Elemente versteht.

a) Wir sitzen mit geschlossenen Augen da, die Hände liegen auf den Knien, die Handflächen zeigen nach unten.

In ihrer Schlichtheit spricht diese Ausgangsposition für sich. Das Besondere daran ist, dass die Handflächen nach unten zeigen - im Gegensatz zur üblichen Haltung, bei der es darum geht, die Himmlischen Kräfte zu empfangen. Als wir dieses Detail ansprachen, erklärte uns Christus, dass man es nicht nur als Symbol sehen dürfe, die irdischen Kräfte zu sich zu rufen. Die Knie des Menschen sind wahre 'Lichtwirbel', in diesem Sinne also regelrechte Nebenchakren. Das betonte Er ausdrücklich. Außerdem wies Er uns darauf hin, wie eng Knie und Fußsohlen in vollendeter Meditationshaltung beieinanderliegen. Fußsohlen und Handgelenke sind ebenfalls Lichtwirbel, genau wie die Knie. Als Er uns das eröffnete, verstanden wir das Zusammenspiel der beiden Nebenchakren auf der rechten und linken Seite des Körpers - also Füße und Knie, die von einem entsprechenden dritten Chakra - dem der Handgelenke - energetisch nach unten ausgerichtet werden. Diese Verbindung schafft eine intensive Verankerungskraft. Das war völlig einleuchtend.

In der Lehre, welche uns auf dem Berg der Seligpreisungen zuteilwurde, wird der menschliche Körper mit einem riesigen Tempel verglichen, der mehrere bedeutsame Tempel in sich birgt, aber auch kleinere 'Kapellen', die nicht ganz so wichtig sind. In den Haupttempeln Chakren zu sehen ist recht einfach, die 'Kapellen' als Nebenchakren zu erkennen hingegen schon anspruchsvoller. Wir erfuhren, dass es einundzwanzig davon gibt. Die 'Kapellen' der Fußsohlen sind dabei der Vorplatz des Tempels, während die Knie den beiden Türflügeln seiner Eingangspforte entsprechen. Allerdings muss man diese Gegebenheiten nicht alle im Kopf haben. Die Übung soll schließlich spontan sein. Wir wollen dabei über unser Alltagsdenken gerade hinausgehen.

Dennoch ist es interessant, sich zumindest einmal damit beschäftigt zu haben. Es dient dann als geistige Nahrung, die im Hintergrund mitläuft. So gehen wir etwas bewusster an die Sache heran.

Zu unserer Unfähigkeit, uns alles zu merken, sagte der Meister Jesus manchmal:

"Es ist sehr schön, vertrauensvoll zu glauben und sehr interessant, etwas zu wissen, nachdem man davon gekostet hat, doch 'wahres Wissen' zu erlangen, weil man die Stille in sich eingeladen hat, ist noch größer."

b) Das Bewusstsein wandert nach unten an die Basis des Körpers und ruft sie dazu auf, wie ein Baum im Boden Wurzeln zu schlagen.

Wiederum gilt es, über das symbolische Bild hinauszugehen und sich bewusst zu machen, dass damit eine ganz konkrete energetische Wirklichkeit gemeint ist.

Uns entgeht oft, wie viele höchst konkrete, lebendige Kräfte durch unseren Geist freigesetzt werden, auch wenn sie für die Augen unsichtbar sind. Das betonte der Meister immer wieder.

Er erklärte uns, dass ein ganzes Netz silberner Fäden, wie feine Wurzeln einer Pflanze, aus unserem Basischakra heraustreten. Indem wir lernen, dieses Netz wahrzunehmen und uns darauf zu konzentrieren, können wir es erheblich stärken. Diese Fähigkeit haben wir alle. Sie hilft uns, mehr von dem stabilisierenden Lebenssaft aufzunehmen, den Mutter Erde ständig abgibt.

Wenn man die Übung richtig macht, stellt sich ein Gefühl der Schwere ein. Das geschieht immer. Es zeigt an, dass man zur nächsten Etappe übergehen kann. Natürlich gewinnt nicht der physische Körper an Gewicht. Es verdichtet sich vielmehr der sogenannte 'Astralleib' - eine Ausdrucksform unserer Seele. Das gibt uns das Gefühl, schwerer geworden zu sein.

c) Unsere Aufmerksamkeit ist nun auf die Region über unserem Kopf gerichtet. Wir versuchen etwa fünfzig Zentimeter oberhalb von ihm, eine mondfarbene Lichtscheibe wahrzunehmen.

Sobald unser Wesen gut verankert ist, sind die Arbeitsbedingungen stabil. Wir orientieren uns also nach 'oben', um diesen Bereich nach 'unten' einzuladen. Mit 'oben' ist hier das embryonal entwickelte achte Chakra gemeint. Christus war der Erste, der uns auf dessen Existenz hinwies. Warum ich von 'Embryo' spreche, wird im Folgenden klar werden.

Es ist eine leuchtende Scheibe, deren Größe vom Entwicklungsgrad des jeweiligen Menschen abhängt. Sie verströmt ein mondgleiches Licht. Entscheidend ist freilich nicht, wie viel man über Spiritualität oder Metaphysik weiß. Was zählt, ist das 'wahre Wissen', also wie weit das Bewusstsein infolge realer Erlebnisse aufgeblüht ist.

Bei Menschen, die im Laufe ihrer Seelengeschichte seit Langem auf der Grundlage von Liebe ernsthaft an ihrer

Reife arbeiten, hat die leuchtende Sphäre des achten Chakras etwa einen Umfang von zehn Zentimetern.

Sie schwebt über dem Lichtkranz des siebten Plexus, der zum Kronenchakra gehört. Allerdings beschäftigen wir uns in dieser Phase der Übung nicht mit dem siebten Chakra, sondern nur mit dem Achten. Wir öffnen uns seiner Gegenwart, weil es die direkte Verbindung zu unserem göttlichen Erbe herstellt. Es hilft uns, sie klar und deutlich zu verstehen und in den Körper aufnehmen.

Es geht jedoch nicht darum, einen Appell an die aufkeimende Sphäre des achten Chakras zu richten oder dieses herbeizusehnen. Wir versuchen nur, es immer deutlicher wahrzunehmen und seine beruhigende Gegenwart zu spüren. Es ist geistige Nahrung für uns, denn darin offenbart sich die Intensität und Qualität unserer Verbindung zum Göttlichen. Es ist der große Vermittler zu einer Energie, die der höheren Ordnung angehört.

Der Meister legte Wert darauf, den Versuch, es wahrzunehmen, nicht erzwingen zu wollen, etwa durch Visualisierung. Er war für Hingabe und Entspannung. Daher gab Er uns den Rat, uns lediglich in vertrauensvollen, liebenden Gedanken dem genannten Bereich zuzuwenden und den Rest unserem Bewusstsein zu überlassen. Die Wahrnehmung der Region des achten Chakras vollzieht sich meist ganz allmählich und diskret. Durch ‘gewaltsame Vorstellung’ lässt sich nichts bewegen, meinte Er.

Außerdem sagt es wenig über die Qualität einer Seele aus, ob sie diese Lichtsphäre optisch wahrnehmen kann oder nicht. Es ist gut möglich, dass man über seinem Kopf gar nichts sieht - sondern nur die Anwesenheit von etwas spürt. Das genügt für die Ausführung der Übung völlig. Sie verliert dadurch weder an Wert noch an Kraft.

d) Wir laden die Lichtsphäre ein, die Wirbelsäule hinabzusteigen und sich mit ihrem Strahlen im unteren Teil unseres Körpers einzunisten.

Es ist wichtig zu verstehen, was ‘einladen’ hier bedeutet. Am Scheitelpunkt des Kopfes öffnet sich eine Art Schleuse. Durch sie dringt jene ‘Lichtmaterie’ wie Wasser in uns ein. Entscheidend ist, dass sie unsere Wirbelsäule flüssig hinabrinnt. Die Berührung mit den verschiedenen Chakren, an denen sie unterwegs vorbeikommt, interessiert uns im Moment nicht, es kommt nur darauf an, dass sie sanft und gleichmäßig hinabgleitet. Allerdings ist es durchaus sinnvoll, darauf zu achten, welche Bereiche des Rückgrats dem absteigenden Licht Widerstand entgegensetzen. Es genügt, das wahrzunehmen, ohne sich viele Gedanken darüber zu machen. Wichtig ist nur, in aller Ruhe das erste Chakra zu erreichen.

Diese Zone liegt genau am Damm. Es wird Männern leichter fallen, sie an dieser Stelle zu spüren als Frauen, bei denen sie zumeist eine weitere Region umfasst, die auch den Gebärmutterhals einschließt. In beiden Fällen jedoch ist das erste Chakra weitaus mehr als nur ein Punkt. Es ist eine ganze ‘Schwingungsregion’. Sie geht zwar von einem kleinen Knotenpunkt aus, hat aber einen bestimmten Strahlungsradius, der von Mensch zu Mensch variiert.

Es ist ganz wichtig, sich von dem Licht völlig durchdringen zu lassen, sobald die aus dem achten Chakra hereinströmende Substanz diese Region erreicht. Man darf sich ruhig Zeit nehmen, die Übungsphase so vollkommen wie möglich zu gestalten. Sie entspricht der energetischen Verschmelzung zweiter scheinbar entgegengesetzter Wirklichkeitsaspekte.

Wir bringen damit den Wänden des Tempels, seinen Grundfesten und seiner Pforte in Erinnerungen, dass sie ganz wesentlich zum Heiligsten des Gebäudes gehören. Als unverzichtbarer Bestandteil der Gesamtharmonie haben sie Liebe und Respekt verdient. Daran erinnern wir sie. Der harmonische Zutritt zum Tempel unseres Wesens - aber auch seine Stabilität - hängt eng mit der angemessenen Pflege dieses Bereichs zusammen.

e) Während wir langsam einatmen, verwandelt sich die Energie, die in unser Wurzelchakra eingeströmt ist, in eine leuchtende Schlange, die um sich selbst kreist. Nun atmen wir ganz langsam wieder aus, wobei die Schlange aktiver wird. Sie dreht sich nun schneller und zwar von vorne nach hinten.

In dieser letzten Phase der Übung konzentrieren wir uns ganz auf unser Inneres, namentlich den Atemrhythmus.

Wir atmen langsam ein und vergegenwärtigen uns dabei die Anwesenheit der 'Schlange' der Kundalini-Energie. Sie ist das unerschöpfliche Kraftreservoir des Wurzelchakras. Ihr wird in allen Traditionen eine ungeheure Energie zugesprochen, die geradezu an eine Atombombe erinnert. Sie wird nun von der Energie des achten Chakras gestreichelt, die ganz aus Liebe und Verständnis besteht.

Dieser überaus heilige Moment darf uns nicht entgehen, während wir die Übung ausführen. Das Streicheln ist wie ein Kuss. Für manche ist es ein Versöhnungskuss - und diese Geste gewinnt während der langsamen Ausatmung noch an Bedeutung. Dann nehmen wir wahr, wie die Lichtschlange sich allmählich schneller dreht, was bewirkt, dass die feinstofflichen Versorgungskanäle im unteren Bereich des Körpers leicht durchgeschrubbt werden.

Der Meister Jesus machte jedoch deutlich, dass die Übung nicht das ***Kundalini***-Reservoir selbst berührt, sondern nur die Zugangswege dazu reinigt.

Er erklärte es uns ausführlich und betonte, dass die Energieschlange des ***Kundalini*** eine ‘Schlange der Macht’ ist, der man sich nur mit größter Vorsicht nähern darf. Zugleich aber gebührt ihr höchster Respekt. Sobald nämlich die Weisheit unseres höheren Bewusstseins - namentlich des achten Chakras - sie umfängt, sobald sie geliebt und anerkannt wird, verwandelt sie sich in eine Schlange der Versöhnung und Erlösung. Das ist ihre Bestimmung.

‘Macht’ wird dann zu ‘Kraft’.

Was die Bewegungsrichtung der Lichtschlange betrifft, so ist mit der Aussage ‘sie läuft im Körper von vorne nach hinten’, Folgendes gemeint: Wenn man von einem festen Punkt ausgeht, zum Beispiel vom Damm, so lässt man den Lichtlauf zuerst nach vorne laufen, dann nach hinten. Bei der Ausatmung ist es natürlich umgekehrt.

Ein Irrtum der Drehrichtung hat prinzipiell keine negativen Auswirkungen. Es schwächt lediglich den positiven Effekt des Schrubbens etwas ab, etwa wie wenn man gegen den Strom schwimmt.

Die Bewusstwerdung und der von Ein- und Ausatmung begleitete Bewegungsanstoß der leuchtenden Schlange entfaltet seine reinigende Wirkung auf dieser Stufe erst, wenn man sie mehrfach wiederholt. Das ist leicht einzusehen. Die vom Meister empfohlene Zahl sieben hat natürlich eine symbolische Dimension. Sie entspricht einer Reinigung oder Kalzinierung mit dem Ziel der Regeneration.

Allerdings steht hinter einem Symbol immer eine archetypische Kraft, die eine ganz bestimmte Wirkung hat. Das wurde uns beigebracht. Es ist keineswegs rein willkürlich gesetzt.

Nüchtern betrachtet hat die Zahl sieben auch einen praktischen Aspekt. Man kann sie sich leicht merken.

Abschließend möchte ich zu dieser ersten Phase der Methode jedoch sagen – es wäre sinnlos, sich gleichsam einen 'Zähler' einzubauen. Das würde unseren Geist nur von der Wahrnehmung dessen, was in unserem Körper geschieht, ablenken. Es ist nicht schlimm, wenn man die Atmung mit ihren Pausen sechs, acht oder neunmal macht. Negative Auswirkungen hat es nicht.

Eine Übung war für den Rabbi Jeshua nichts Starres, das man im Rahmen enger Vorschriften zu absolvieren hatte, sondern eine Weg ... frei von jedem Zwang.

2. Phase

Die Reinigung des zweiten Chakras

Es ist naheliegend zu glauben, die Lehre zur Reinigung des zweiten Chakras sei uns am Wasser zuteilgeworden - am Ufer des Sees Genezareth. Es war jedoch nicht so.

Das zweite Energiezentrum des menschlichen Körpers wird traditionell mit dem Element des Wassers in Verbindung gebracht. Die Tatsache, dass es fließt, heißt jedoch nicht etwa, dass es einen herabzieht oder den Geist zerstreut. Da die reinsten Quellen oft in der Höhe entspringen, brachte uns der Meister die zweite Phase seiner Methode an einem Bach nahe, der sich am Gipfel des Berges der Seligpreisungen zwischen Felsen dahinschlängelte. Wieder einmal verlagerte Er 'das Untere' also 'nach oben', um die Bedeutung der beiden Begriffe zu relativieren.

Er eröffnete seine Lehre mit der Bemerkung, dass Er den Bereich des zweiten Rades als besonders heilig erachte.[3] Daran erinnere ich mich noch gut. Es liegt genau eine Handbreit unter dem Nabel und ist die eigentliche Schwelle zum Tempel des inkarnierten Menschen - aber auch sein Fundament. Aus Sicht des Meisters ist eine höhere Entwicklung unmöglich, solange dieses Energiezentrum instabil ist. Es zu beherrschen ist ganz entscheidend, weil darin ein natürlicher Antagonismus verborgen liegt ... Wie wir gesehen haben, ist es nicht die Polarität 'oben' - 'unten', sondern diejenige zwischen vereinigenden und zerstreuenden Kräften. Sie bestimmt das Leben ganz allgemein.

An der Schwelle dieses Tempels begegnen sich Triebhaftes und Reinheit, treffen vergiftende Kräfte auf Kräfte der Ausscheidung - bis wir Gesetz und Zusammenspiel des Gleichgewichts verinnerlicht haben.

Es war dem Rabbi Jeshua sehr wichtig, dass wir Folgendes verstehen: Solange noch in irgendeiner Form 'Ablehnung' in unseren Herzen lebt, lässt sich jene Meisterschaft, die jedes bewusste Leben anstrebt, niemals erringen.

Dafür zog Er das einfachste Beispiel heran, das mit dem zweiten Chakra zu tun hat: die Ausscheidung von Urin. Er sah darin nichts Unreines. Der Körper scheidet Urin nicht als etwas Schmutziges aus, sondern produziert eine Substanz, deren Bestandteile mit der gesamten Natur im Einklang sind. Gegenpart der 'Produktion' ist die Ausscheidung. Der

3) Energetisch ist es mit dem 'Kreuzbein' - *os sacrum* - verbunden.

menschliche Organismus erweist sich damit sowohl in seiner feinstofflichen als auch materiellen Dimension als ein Ort der Begegnung - der Konfrontation und Transformation ganz unterschiedlicher Kräfte.

Das mag uns heute völlig logisch erscheinen. In Palästina vor zweitausend Jahren war es revolutionär. Entsprechend hatte auch die Samenflüssigkeit aus Sicht des Meisters nichts Unreines an sich - gerade in mystischem Zusammenhang. Sie war nicht etwa Ausdruck einer 'niederen Funktion' - vielmehr des Göttlichen. Man musste sich nur die Mühe machen, das richtig zu verstehen. In Laufe einer spirituellen Arbeit drängt sich eine solche Interpretation - eine 'Lektüre der Wirklichkeit' zwangsläufig auf.

Jeshua richtete einen gesunden Blick auf die Sexualität. So gab Er ihr die Bedeutung zurück, die sie für eine geistige Erhebung hatte.

Ich erinnere mich lebhaft an einen besonders gewagten Ausspruch von Christus, der einige seiner Jünger schockierte: *"Wenn ihr versteht, was ich sage, wird euch auch einleuchten, dass ich der Samen meines Vaters bin und ihr die Gebärmutter, die ihn empfängt. Ich bin zugleich die Schwelle des Tempels und seine Grundmauern, aber auch Derjenige, der euch zwischen seinen Säulen den Weg weist."*

Der Meister Jesus betonte eigens seine Verbindung mit dem zweiten Chakra und führte uns damit vor Augen, dass nichts vom Wege des Geistes ausgeschlossen ist. Alle Dimensionen unseres Wesens, alle Organfunktionen sind es gleichermaßen Wert, mit Liebe und Respekt behandelt zu werden ... Sind sie geheimnisumwittert - verdeckt von einer Maske aus Widersprüchen - nur umso mehr.

Kommen wir also direkt zur praktischen Ausführung der Reinigung des zweiten Chakras. In der orientalischen Tradition heißt es *Svadisthana*, in der Kabbalistik *Iesod*.

a) Idealerweise sitzen wir noch immer in der üblichen Meditationshaltung da und legen dabei die linke Hand mit der Handfläche nach unten auf das linke Knie. Gleichzeitig legen wir die rechte Hand unter den Nabel, wo das Sakralchakra erstrahlt.

b) Nun konzentrieren wir unser Bewusstsein auf den Scheitelpunkt. Dann lassen wir es langsam den Rücken hinabgleiten, bis an die Basis des Körpers und lassen dort eine weiße Kugel entstehen - wie eine kleine Sonne.

c) Sobald diese Sonne stabil ist, atmen wir ein und lassen sie bis zum zweiten Chakra aufsteigen.

d) Dann atmen wir aus und lassen die kleine, weiße Sonne wieder zur Basis unseres Körpers zurückkehren.

e) Diese Übung müssen wir vier Mal wiederholen und dabei je sieben Mal ein- und ausatmen. Es ist wichtig, sich nach jeder Siebener-Serie, einer tiefen innere Stille hinzugeben und sie auf die Region des zweiten Chakras auszurichten. Die Position der Hände bleibt während der gesamten Übung unverändert. Bei jeder Ein- und Ausatmung bemühen wir uns, mit dem Luftstrom über den hinteren Teil der Nasenhöhle zu streichen, wobei ein leicht reibendes Geräusch entsteht, wie beim Räuspern.

Genau wie zuvor nehmen wir nun alle Phasen der Übung noch einmal einzeln durch.

a) Die linke Hand liegt auf dem linken Knie, während die rechte Hand auf dem zweiten Chakra ruht.

Diese Haltung hat natürlich zum Ziel, einen ganz speziellen Energiekreislauf herzustellen. Es geht darum, das Knie - als einen der Zugangswege - mit der eigentlichen Schwelle des Tempels zu verbinden.

Dem Meister zufolge steht das linke Knie in Verbindung zum Mond, also zur triebhaften, emotionalen und intuitiven Seite des Menschen. Es ist der linke Türflügel des Tempels. Daher riet Er uns, während des ersten Teils der Übung - welcher ganz im Zeichen der Sammlung steht - zwischen unserer linken Handfläche und dem Knie innerlich eine Mondsichel wahrzunehmen. Sobald das geschehen war, ließ Er uns den Energiestrom spüren, der ausgehend von diesem Mond zum Herzen und von dort zum zweiten Chakra strömt, um dann zu seinem Ausgangspunkt, der Mondsichel, zurückzukehren.

Der Rabbi Jeshua gab uns den Rat, erst dann mit der nächsten Übungsphase weiterzumachen, wenn wir den Lebensstrom dieser Energieschleife mindestens drei oder vier Mal innerlich nachvollzogen hatten. Er sagte, diese Vorbereitungsphase wirke regulierend auf die triebhafte Seite der sexuellen Energie - und zwar über den feinstofflichen Kanal, der traditionell *Ida* genannt wird. Das ist einer der drei

Zweige der aufsteigenden *Kundalini*-Kraft. Sie macht ihn weniger durchlässig.

Ich erinnere mich, dass Er Menschen, die dazu neigen, sich von körperlichen Lüsten bestimmen zu lassen, nahelegte, einfach nur diese Haltung einzunehmen und die Wahrnehmungsübung durchzuführen.

Er verglich *Ida* mit einem Fluss, dessen Flussbett nahe der Quelle zeitweise viele kleine Öffnungen aufweist, die den gradlinigen Lauf ablenken und bewirken, dass er 'Schwemmland' mit sich führt ... also animalische Instinkte aus dem Äther.

Abschließend erklärte Jeshua uns, dass der Energiekanal bei Frauen umgekehrt verläuft.[4] Als Frau sollte man bei dieser Übung also die rechte Hand aufs rechte Knie und die linke aufs zweite Chakra legen.

Dies nicht zu beachten hat jedoch keine negativen Auswirkungen aufs Bewusstsein, meinte Er. Man kann dann lediglich keinen Einfluss auf die Triebe mehr nehmen.

b) Wir verlagern unser Bewusstsein an den Scheitelpunkt, lassen es dann die Wirbelsäule hinabgleiten und schließlich an deren Basis eine kleine, weiße Sonne entstehen.

Bei der Aufforderung, unser Bewusstsein einer bestimmten Körperstelle zuzuwenden, ging es nicht nur darum, dieser Region besondere Aufmerksamkeit zukommen zu

4) Entsprechendes gilt natürlich auch für den Kanal namens *Pingala* - das solare Gegenstück zu *Ida*, welcher bei Frauen von der Rückenachse aus links liegt.

lassen - etwa im Sinne einer mentalen Betrachtung von außen, ganz im Gegenteil. Es kam gerade darauf an, sich an diesem Punkt innerlich lebendiger zu fühlen.

Wir sollen uns so intensiv wie möglich mit der spezifischen Lebensenergie verbinden, von der unser Kronenpunkt durchtränkt ist. Wir müssen unser Bewusstsein auf diesen Quellenpunkt richten, als sei dort in verdichteter Form alles vorhanden, was uns ausmacht.

Das mag kompliziert klingen, ist es aber nicht. Man merkt es bald, wenn man die Übung regelmäßig macht.

Sobald wir uns entspannen und dem Göttlichen in uns hingeben, offenbart sich das Geheimnis dieser Versenkung und Selbstwahrnehmung ganz von selbst.

In dieser Übungsphase tritt am Scheitelpunkt häufig ein leichtes Kribbeln auf, das auf eine Aktivierung des siebten Chakras, also des Kronenchakras hinweist. Man muss sich damit nicht groß beschäftigen. Vielmehr bemüht man sich darum, einen noch tieferen Entspannungszustand zu erreichen, der unser Bewusstsein dazu bringt, ganz spontan langsam und zärtlich unsere Wirbelsäule hinabzugleiten.

Der Meister legte Wert darauf, dieses Hinabgleiten nicht vom Verstand her zu bewirken - nur weil man denkt, es sei nun 'der richtige Moment'. Es geschieht vielmehr aufgrund eines völlig selbstverständlichen, liebevollen Appells unseres Bewusstseins, sich dem unteren Teil des Körpers zuzuneigen. Es kann gleichsam gar nicht anders sein.

Obwohl die Abwärtsbewegung einem Feuer gleicht, verglich der Rabbi Jeshua sie mit einem kräftigen, wenn auch sanften Wasserstrom, der von Bergeshöhen herabstürzt, um das Tal zu bewässern. So erklärte Er auch das Gefühl der

Frische, das sich für gewöhnlich einstellt, wenn das 'Bewusstseinsfeuer' den ganzen Rücken herabgleitet.

"Wenn der Lichtstrom unten in eurem Körper angekommen ist", lehrte Er uns, *"stellt euch nicht gleich das Bild einer weißen Sonne vor Augen, projiziert es nicht sofort in diese Region. Lasst erst die Wurzeln eures Wesens von der Woge lichtvoller Frische durchleuchten und euch bis in die Eingeweide durchdringen. Lasst erst dann die Wahrnehmung einer kleinen, ganz reinen Sonne in euch aufsteigen, die an der Basis eures Körpers ruht ... und umfangt sie mit sehr viel Liebe ..."*

c) Nun lassen wir die Gegenwart der Sonne bis zum zweiten Chakra aufsteigen.

Erst wenn die beschriebene Wahrnehmung gut verankert ist - mit all dem Wohlbefinden, das sie auslöst, beginnen wir bewusst einzuatmen und die kleine, weiße Sonne bis zum zweiten Chakra aufsteigen zu lassen.

Das soll wiederum nicht auf einen intellektuellen Impuls hin geschehen. Der Meister meinte, idealerweise werde unsere lichtvolle Bewusstseinskraft von der Einatmung gleichsam angesogen.

Diese darf ruhig kurz sein, weil der Weg, den das solare Feuer zwischen dem ersten und zweiten Chakra zurücklegen muss, ebenfalls sehr kurz ist. Man muss den Aufstieg der kleinen weißen Sonne also recht schnell wahrnehmen und gleichzeitig füllen sich die Lungen.

Die Kombination aus kurzer Einatmung und Intensität des Sonnenaufstiegs stellt die gründliche Reinigung der unteren Lebenskanäle sicher. So kommt das zweite Chakra wieder ins Gleichgewicht und kann sich frei verströmen.

Anschließend lernten wir, sobald die Lungen gefüllt sind, die Luft einige Sekunden anzuhalten - so lange es angenehm ist. Dadurch lässt sich die Reinigung durch das Geistesfeuer im Bereich des zweiten Chakras bewusster erleben.

Die Luft anzuhalten war aus Sicht des Meisters Jeshua kein Stillstand. Das Leben stagniert dabei nicht, ganz im Gegenteil. Wenn man es voll verinnerlicht, nimmt man Lebenskräfte in ihrer reinsten, göttlichsten Form auf. *"Ihr könnt spüren, wie euer Vater in eurem Körper und eurem Herzen wirkt. In der Stille, die zwischen Ein- und Ausatmung herrscht, prägt Er sich euch ein", sagte der Meister.*

d) Die weiße Sonne steigt wieder hinab zur Basis des Körpers.

Während der Ausatmung lassen wir die weiße Lichtkraft wieder nach unten gleiten. Es ist wichtig, auszuatmen bevor wir außer Atem sind. Darauf legte Jeshua großen Wert. Sie muss ganz von selbst kommen, langsamer und sanfter als die Einatmung - und uns ermöglichen, das Hinabgleiten der Sonne bis zum ersten Chakra bewusst mitzuerleben. Dann ist wiederum eine kurze Atempause geboten, wie zuvor. So machte der Rabbi uns deutlich, dass eine Reinigung sich stets auch auf der Ebene des *Muladhara* oder *Malkut* abspielt.

In seiner Lehre war es undenkbar, dass ein Energiezentrum aktiviert oder gereinigt wird - und dabei von den anderen abgeschnitten ist, die ihm gleichen. Er ging stets davon aus, dass das Leben strömen muss. Es zirkuliert von einem Punkt zum nächsten, insofern ist es völlig unsinnig, sich eine Körperregion isoliert vorzustellen, sei es nun im materiellen oder feinstofflichen Sinne.

"Bewegung ist die Essenz des Lebens selbst", sagte Er immer wieder. "Das Leben ist Gott und Gott ist auf ewig eure Essenz."

Ich muss zugeben, dass wir den tieferen Sinn dieser Aussage nicht verstanden. Allzu sehr waren wir daran gewöhnt, die göttliche Gegenwart außerhalb von uns zu verorten, anstatt sie als Teil unseres ureigensten Wesens zu sehen.

e) Die Atmung

Die Übung ist insgesamt einfach und recht kurz. Sie sollte vier Mal wiederholt werden. Dabei ist es wichtig, in der letzten Phase - die ich hier d) genannt habe - sieben Mal ein- und auszuatmen.

Das Feuer der weißen Energie kreist also im Atemrhythmus 28 Mal zwischen unserem ersten und zweiten Chakra. Diese Zahl hat mit dem Mond und mit Wasser zu tun. Darüber mag sich jeder seine eigenen Gedanken machen.

Eines der wichtigsten Elemente der Übung muss noch etwas vertieft werden und zwar die Atmung. Es heißt ja, dass *der Luftstrom bei jeder Ein- und Ausatmung sanft über den hinteren Teil unserer Nasenhöhle streichen soll.*

Für den Meister Jesus war das mehr als ein Detail. Er hatte uns gelehrt, dass im hinteren Teil des Rachens dicht gelagert eine ganze Reihe kleiner Nadis liegen, die mit dem Kehlkopf-Chakra fein verwoben sind. Sie haben die Fähigkeit, die Lebensenergie - das *Prana* - in unserer Atemluft zu erhöhen.

Er sagte, die Qualität des Pranas sei ganz entscheidend für den Reinigungsprozess. Es kommt nämlich ganz darauf an, wie viele 'Lebenskeime' es enthält, wobei der Begriff 'Lebenskeime' hier als etwas Hochheiliges verstanden sein will.[5]

Allerdings warnte Er uns davor, diese Atemweise zu missbrauchen. Daran erinnere ich mich noch gut. Wir sollten sie nicht anwenden, nur weil sie dem Körper bei der Einatmung viel Prana zuführt und bei der Ausatmung weniger 'energetische Schadstoffe' ausstößt, als bei der normalen Atmung.

Übertreibt man es nämlich damit, so kann das leicht zu geistiger Überaktivität oder körperlicher Übererregtheit führen. Entsprechend riet Jeshua jenen unter uns, die gelegentlich an Schlafstörungen litten, beim Einschlafen auf ihre Atmung zu achten. Wenn man angespannt ist, neigt man dazu, die Atmung ganz oben in die Nasenhöhle zu verlagern - und damit diese sensible Zone zu sehr zu reizen.

5) Wir dürfen nicht vergessen, dass *Prana* in der indischen Tradition und im Himalaya "mit der Seele Gottes" in Verbindung gebracht wird. Vgl. Das große Buch der Akasha-Chronik, vom selben Autor, S. 62-63.

Doch auch ganz unabhängig von dieser Übung lohnt es sich, etwas mehr auf seine Atmung zu achten. Sie ist weit mehr, als ein bloßer Austausch von Gasen. Durch sie sind wir ständig mit der göttlichen Seele verbunden.

3. Phase

Die Reinigung des dritten Chakras

"Wie ihr wohl wisst, liebe Freunde, gibt es zwei Arten in der Welt zu sein ... Zunächst einmal die des 'tiergleichen Menschen', der vom Drang getrieben wird, 'sein Territorium abzugrenzen'. Diese Seinsweise kommt auf allen Ebenen zum Ausdruck. In erster Linie ist jedoch die physische Ebene angesprochen. Kraft und Schönheit des Narzissmus haben nur ein Ziel: Vor aller Augen in Erscheinung zu treten. Allerdings steht diese Ebene in enger Verbindung mit der zweiten Ebene, der Gefühlsebene. Gerät diese in Wallung, so entlädt sie sich gerne in einem Wortschwall oder übersteigerter geistiger Aktivität. Es ist also ein kämpferischer Zustand. Dieser Seinsweise geht es um Sieg.

Und dann gibt es noch eine andere Art zu sein ... Sie wird von Menschen gelebt und ersehnt, die Vertrauen als Schlüssel erkannt haben und wissen, wie stimmig alles ist, was das Leben ihnen aufgibt. Sie wissen sehr wohl, dass sie keine Schutzmauern brauchen, weder Waffen noch Schilder, um irgendetwas zu 'bewahren', da ihnen doch das ganze Universum als rechtmäßiges Erbe zusteht. Wozu noch Duftmarken in den vier Ecken eines Ackers absetzen, wenn man die Unendlichkeit als eigentliches Ausdrucksmedium erkannt hat?

Diese Seinsweise ist Menschen eigen, welche den Herrschaftstrieb überwunden haben und sich am wahren Ruhm der Herrlichkeit orientieren. Was gibt es denn schon zu erobern oder sich unablässig zu beweisen, wenn uns alles von Anbeginn eigen ist. Herrlichkeit ist die Manifestation des Göttlichen auf Erden.

Und nun frage ich euch: Wenn ihr einmal auf euer Bauchgefühl hört ... welche der beiden Seinsweisen liegt euch näher, zu welcher fühlt ihr euch eher hingezogen?"

Mit diesen Worten begann die Lehre des Meisters zur Reinigung des dritten Chakras. Spüren konnten wir dieses Chakra alle. Es befindet sich an einem ganz bestimmten Punkt, eine Handbreit oberhalb des Nabels. So aber machte uns der Meister mit seiner Doppelnatur vertraut. Es hat zwei Seiten, wie das inkarnierte Ich – das sogenannte Ego, wie wir heute sagen würden. Aufgrund seines freien Willens kann es sich zwischen 'gut' und 'böse' entscheiden.

Es hängt also ganz von der Entwicklung des dritten Chakras ab, inwiefern es gelingt, sich aus dem Universum tierhafter Instinktgebundenheit zu lösen, so der Meister Jeshua.

Das dritte Chakra war für Ihn wie ein Flammenmeer ... eingedenk dessen, dass ein Inferno sowohl zerstörerisch als auch heilsam sein kann. Nicht von ungefähr wir diese Region 'Solarplexus' genannt.

Wer sich vom triumphalen Schein der Sonne hypnotisieren lässt und ihr Strahlen als Herausforderung auffasst - den wird sie blenden. Wer sich ihr jedoch in ruhmvoller Schlichtheit hingibt, in Weisheit und Harmonie - den wird sie beleben und nähren.

Wenn man das Leben zu sich einlädt, lässt Feuer einen wachsen. Dann wird auch das Leben uns zu sich bitten.

Umgekehrt verschlingt Feuer jeden, der seinem Strahlen auszuweichen sucht und aus Unwissenheit oder Angst vor ihm flieht. Kurz gesagt: Glanz und Herrlichkeit des göttlichen Feuers erleuchtet - sein Abglanz hingegen ist zerstörerisch.

Um uns die Doppelnatur des Feuers zu verdeutlichen, zeigte Christus bei einem von uns erst auf die linke, dann auf die rechte Seite des Körpers. Er wies also zunächst auf Milz und Bauchspeicheldrüse, dann auf die Leber. Diese beiden Bereiche verweisen auf zwei Sephiroth des kabbalistischen Lebensbaumes, links *Nizha* und rechts *Hod*.

Im Orient wird das dritte Chakra *Manipura* genannt. Dem Meister zufolge hat es mit Verdauung zu tun - wobei Er das nicht nur körperlich meinte, sondern gerade auch seelisch. In dieser Hinsicht hat 'verdauen' - im Sinne von 'etwas verarbeiten' und 'einordnen' unmittelbar mit dem freien Willen des Menschen zu tun. Es hängt also eng mit

Problemen der inkarnierten Persönlichkeit zusammen, wenn die vom dritten Chakra regierten Organe nicht richtig funktionieren. So sah es der Meister.

Entscheidungen, die man im Leben trifft, bestimmen über den harmonischen Ablauf der Verdauung. Es kommt ganz darauf an, wie gut wir Dinge sortieren können, inwiefern wir in der Lage sind, einzuordnen, was auf uns zukommt, aber auch wie 'animalisch' wir in bestimmten Situationen noch reagieren.

Bei dieser Gelegenheit, während Er uns all das erklärte, erwies sich, wie gebildet der Rabbi Jeshua war. Daran erinnere ich mich lebhaft. So wussten wir etwa, dass Er griechisch sprach, nicht aber, wie gut Er mit der Religion der Griechen vertraut war. Wir lehnten sie nämlich ab – obwohl wir sie im Grunde kaum kannten. Daher hörten wir höchst erstaunt zu, als er auf einmal Parallelen zwischen Sich und Prometheus zog.

Prometheus ist bekanntlich jener Titan, der von den Himmeln herabstieg, in unserer Welt inkarnierte und den Menschen Bewusstsein brachte, um sie zu retten. Dem Mythos des Prometheus zufolge wurde er dafür an einen Felsen gekettet, wo ein Adler täglich an seiner Leber fraß.

In manchen Versionen des Mythos heißt es sogar, er sei nicht nur an den Felsen gekettet, sondern regelrecht angenagelt gewesen – also gekreuzigt. Damals sagte uns das noch nichts, da 'die Ereignisse' ja noch nicht eingetreten waren. Heute, aus der Distanz heraus, sieht die Sache anders aus.

Dem Mythos zufolge brachte Prometheus den Menschen auch das Feuer und lehrte sie die Schmiedekunst.

Der Meister betonte jedoch, dass man 'Feuer' hier symbolisch verstehen muss. Es steht für die Gefühlswelt des Menschen, die eng mit seinem Bewusstseinsgrad zusammenhängt - und damit auf höchst konkrete und subtile Weise mit dem gesamten Verdauungsapparat, vor allem der Leberfunktion im weitesten Sinne. Ausdrücke wie 'mir steigt die Galle', 'es ist mir auf den Magen geschlagen' oder 'liegt mir im Magen' zeugen davon. Die Liste ließe sich unschwer um ein paar deftige Ausdrücke verlängern, die mit Ausscheidung - nach oben oder unten - zu tun haben.

Die Kraftausdrücke im Palestina vor 2000 Jahren standen unseren heutigen in nichts nach und da der Meister Humor hatte, wollte Er sie uns nicht vorenthalten.

Es ging Ihm immer darum, uns vom Feinstofflichen zum Materiellen zu führen - und umgekehrt, um zu zeigen, dass Welten durchlässig sind - und letztlich 'eins'.

So sah Er etwa die Kunst der Metallverarbeitung in engem Zusammenhang mit der Notwendigkeit der Inkarnation. Es geht um eine intensive Verbindung zum Materiellen, die für den großen Lebenszyklus, dem unsere gegenwärtige Kulturepoche angehört, prägend ist. Dieser Zyklus wird im Orient *Kali Yoga* genannt, das Zeitalter der Zerstörung, bei uns im Abendland heißt er 'ehernes Zeitalter'.

Beim Hüttenwesen denkt man zunächst einmal an harte Arbeit. Die Metalle sind schwer, man hat es sogar oft mit scharfen Klingen zu tun. Wiederum gibt es dafür sprechende Ausdrücke, wie etwa 'jemandem einen schneidenden Blick zuwerfen', 'eine blecherne Stimme haben' oder 'bleierne Stimmung'. Jedenfalls war dem Meister stets daran gelegen, dass wir den Schwierigkeiten, welche 'das Metallische' unseres Lebenszyklus mit sich brachte, mit Verständnis begegneten und uns nicht dagegen auflehnten.

Man sollte die Verdichtung unseres Lebenszyklus als Geschenk betrachten, das der Menschheit ermöglicht, ihrem Schicksal entgegenzutreten, die brennende Not zu überwinden und die Materie als Sprungbrett zu Höherem zu nutzen.

Als wir Jeshua nach der Leber des Prometheus fragten, die immer wieder nachwuchs, nachdem Tag für Tag ein Geier davon fraß, lehrte Er uns Folgendes: Dieses Organ ist Sitz unserer egozentrischen, inkarnierten Persönlichkeit, gleichsam ihre greifbare Manifestation.

Ich gebe in modernen Begriffen wieder, was er in Worte fasste, die unserem damaligen Verständnis entsprachen. Die Leber des Prometheus wuchs immer wieder nach, weil sie mit der notwendigen Entwicklung der unabhängigen Persönlichkeit des Menschen zusammenhing, aber auch mit seinen Emotionen, die er in den Griff kriegen musste.

Der Geier symbolisiert die Notwendigkeit einer regelmäßigen Reinigung der Gefühlswelt des Menschen, der umso mehr aus dem Leben lernt, je schwerer es ist[6].

Christus versuchte ständig, uns mit den Schwierigkeiten der physischen Welt auszusöhnen. Der Begriff 'Buße' oder 'Sühne' war völlig bedeutungslos für Ihn - ganz anders, als

---

6) Die Leber ist eines der wenigen Organe, die sich nach einer Verletzung wieder regenerieren können.

man es uns Jahrhunderte lang eingetrichtert hat. Er war ein Versöhner.

Das rief Er uns auf seine Weise in Erinnerung, indem Er uns lehrte, das dritte Chakra zu reinigen. Dabei wollte Er keineswegs die inkarnierte Persönlichkeit - mit all den Fehlern, die sie zwangsläufig hatte - verherrlichen. Es ging Ihm nur darum, ihr Respekt entgegenzubringen und dankbar zu sein für das Werkzeug, das sie auf unserem Entwicklungsweg darstellt.

Sehen wir uns nun die Übung an, die Er uns machen ließ:

a) Genau wie in der vorherigen Übung, legen wir die linke Hand mit der Handfläche nach unten auf unser linkes Knie. Zugleich kommt die rechte Hand aufs dritte Chakra. Es liegt etwas oberhalb vom Nabel. Wir verweilen einen Augenblick in Stille und atmen frei.

b) Nun versuchen wir direkt an der Basis unseres Körpers wieder die kleine, weiße Sonne wahrzunehmen, die wir aus der letzten Übung bereits kennen. Diesmal brauchen wir sie nicht erst über dem Kopf zu suchen. Wir nehmen uns die Zeit, sie gut zu spüren - ohne sie jedoch visualisieren zu müssen - und lassen sie dann, während wir einatmen, innerlich bis zum dritten Chakra aufsteigen. Idealerweise spüren wir ihr Strahlen ein paar Sekunden lang unter der rechten Hand, während wir kurz die Luft anhalten.

c) Dann atmen wir kräftig mit einem Stoß durch die Nase aus. Zugleich bemühen wir uns zu spüren, wie

unsere Aura sich völlig weitet. Die plötzliche Entleerung der Lunge führt zu einem entsprechenden Aufleuchten unserer feinstofflichen Leiber.
Um einen optimalen Reinigungseffekt zu erzielen, sollten die Übungsschritte b) und c) – also Einatmung und plötzliche Ausatmung – 33 Mal wiederholt werden.

Christus riet jedoch, uns nicht verbissen an diese Zahl zu halten. Jeder von uns sollte auf seinen eigenen Rhythmus und seine Möglichkeiten achten, um keine unangenehmen Gefühle hervorzurufen. Eine Hyperventilation, wie wir das heute nennen, sollte auf jeden Fall vermieden werden. Er empfahl uns vielmehr, zwischen jedem Atmungszyklus eine kleine Pause zu machen, damit uns bewusst werden konnte, was in uns vorging. Es handelt sich ja hier nicht einfach um Atemgymnastik, sondern um eine Reinigungsübung des gesamten Wesens, die von unten nach oben und von innen nach außen verläuft.

Nehmen wir uns die einzelnen Aspekte der Übung gleich noch einmal vor:

a) Die linke Hand ruht mit der Handfläche nach unten auf dem linken Knie, während die rechte Hand auf dem Solarplexus liegt.

... Dem gibt es kaum etwas hinzuzufügen, da dieser erste Teil auf denselben großen Prinzipien basiert wie bei der Übung zum zweiten Chakra. Der dabei entstehende Energiekreislauf ist allerdings etwas anders, da das dritte Chakra mehr mit Feuer als mit Wasser zu tun hat. Entsprechend ist die zweite Übung dem Mond zugeordnet, während die dritte diesen mit der Sonne verbindet. Die bildliche Mondsichel zwischen linker Hand und linkem Knie kommt nun in Kontakt mit unserem Solarplexus. Diese Haltung illustriert also den Doppelaspekt des dritten Chakras, wie der Meister es sah - die Sonne und ihren Abglanz. Es war Ihm sehr wichtig, den ersten Teil der Übung voll zu durchleben, so 'passiv' er auch erscheinen mag. Wir sollten uns Zeit dafür nehmen, dem Energiekreislauf, der im Körper aus dieser Haltung entstand nachzuspüren, sowie die Bilder und Gefühle, die dabei aufstiegen genau wahrzunehmen. Auf keinen Fall sollten wir uns sofort auf die Serie von 33 Ein- und Ausatmungen stürzen, die darauf folgten.

b) Dann atmen wir ein, während die kleine, weiße Sonne von der Körperbasis bis zum dritten Chakra aufsteigt. Dort lassen wir sie erstrahlen.

Der Rabbi Jeshua wies uns sofort darauf hin, nicht aus den Augen zu verlieren, dass die kleine weiße Sonne aus unserem höheren Bewusstsein stammt. Wir durften also nicht vergessen, dass wir im Grunde unser tiefstes Wesen um Hilfe baten - und zwar in seiner schönsten Dimension, die unmittelbar mit dem Göttlichen verknüpft ist. Ohne diese Verbindung 'zum Höheren' droht die Reinigung und Erweckung 'des Unteren' rasch zu einer banalen Visualisierungs- und Atemübung zu werden - abgekoppelt von ihrer eigentlichen Wirkung. Es geht immer um eine Geisteshaltung, nicht um die strikte Einhaltung von Übungsabläufen.

c) Nun atmen wir kurz und kräftig durch die Nase aus, während wir unsere Aura so weit wie möglich ausdehnen.

Das ist die entscheidende Phase. Wird sie korrekt ausgeführt, so merkt man, dass beim Ausstoßen der Luft aus der gesamten Region des dritten Chakras Energie abgelassen wird. Nicht nur die Lunge entleert sich. Auf feinstofflicher Ebene stößt der gesamte Bereich der Verdauungsorgane geradezu Miasmen verbrauchter Energie aus. Dieser Ausdruck ist hier nicht zu stark. Sie sind die materielle Grundlage von Trieben und abgekapselten toxischen Erinnerungen der Zellen. In ihnen sind auch die Gedankenformen des Gefühlsuniversums verankert. Die Auraerweiterung, von der die Energieabfuhr des dritten Chakras begleitet wird, bewirkt den Abtransport der Verunreinigungen aus dem feinstofflichen Organismus. Dabei spielt die Nasenhöhle eine große Rolle. Sie wirkt bei dem kurzen, kräftigen Luftausstoß wie ein Filter und neutralisiert die giftigen Mikroerinnerungen. Man könnte denken, dass nur die Lunge verbrauchte Luft abgibt, doch in Wahrheit entledigt sich die gesamte Gefühls- oder Astralwelt des Menschen ihrer Schlacken. Christus beschrieb sie als *"unsichtbaren Staub, analog einem langsam wirkenden Gift."*

Ganz wichtig war Ihm, in welcher geistigen Verfassung wir diese Schlacken durch die Nasenhöhle ausstießen, denn letztlich ist unsere Gesinnung der Garant für den Erfolg der Übung. Seiner Auffassung nach war es undenkbar, die Übung zu machen, um irgendwelche 'feinstofflichen Giftpartikel' auszustoßen. Diese würden nur in der Umgebung toxischen Egregoren Nahrung geben.

Was wir durch die Nase ausstießen und über die Aura aus uns heraussetzten, musste also durch liebevolle Gedanken verwandelt oder neutralisiert werden.

Als der Meister Jeshua mit seinen Erläuterungen fertig war, stellte ich ihm eine Frage zu Prometheus, den Er uns in seiner Symbolkraft nahegebracht hatte.

Wenn dieser Titan großmütig war und der Menschheit helfen wollte, warum wurde er dann - wie im Mythos beschrieben - an einen Felsen geheftet, wo ihm die Leber zerrissen wurde?

Auf dem Gesicht des Meisters zeichnete sich ein Lächeln ab, während er nach Worten suchte, die wir verstehen würden. Schließlich gab Er folgende Antwort:

"Prometheus ist ein anderer Name für den Erzengel, der sich gegen die etablierte Ordnung des Universums auflehnte und gegen die Quelle rebellierte ... Er entwickelte den freien Willen und überbrachte ihn mit der Kenntnis von 'Gut und Böse' auch der Menschheit. Damit wollte er zunächst einmal *weder dem Manne noch der Frau dienen, sondern allein sich selbst. Es ging ihm nur um seinen eigenen Triumph. Seine Leber ist der brennende, zerstörerische Teil der inkarnierten Seele, die sich ihrer selbst bewusst ist*[7]*.*

---

7) Heute würde man 'Ego' sagen. So wie Prometheus hier dargestellt wird, erinnert er an Luzifer, dessen Name etymologisch bekanntlich 'Lichtbringer' bedeutet.

Hinter der arroganten Rebellion steht jedoch ein großes Wesen, dessen Wirkung auf die Menschheit einer Einweihung gleichkommt. Das müsst ihr bedenken. Sein Opfer - denn es ist eines - wird im Laufe der Zeit viele Juwelen hervorbringen. Richtet ihn nicht, denn ich sage euch ganz im Geheimen - er ist in gewisser Hinsicht mein Zwillingsbruder auf der anderen Seite der Sonne. Denkt gut über meine Worte nach ..."

4. Phase

Die Reinigung des vierten Chakras

Kommen wir nun zur Region der Schönheit – zu jenem Kraftpunkt, der im Orient *Anahata* und in der Kabbala *Tipheret* genannt wird. Damit ist natürlich das Herzchakra gemeint. Sein Strahlen ist in der Mitte der Brust oder auch zwischen den Schulterblättern gut wahrnehmbar. Dem Meister zufolge entstehen hier unsere Ideale und erhalten auch ihre Form. Aus seiner Sicht bringt das Herzchakra in einem ganz universellen Sinne Schönheit zum Ausdruck – auf allen Ebenen des Lebens. Diese Region ist im großen Tempel des menschlichen Körpers eine nahezu immaterielle Zone. Sie lässt sich nicht mit einem bestimmen Symbol fassen.

Der Meister sprach vom Herzchakra als von einem Verwandlungspunkt, an dem alle energetischen Einflüsse zusammenlaufen. Er sagte, er würde sich diesen Ort wie ein Reinigungsbecken vorstellen, in das man ganz eintauchen muss - andererseits aber auch wie eine erneuernde Flamme, die alles Überflüssige verbrennt und dem Leben neuen Schwung verleiht.

Darüber hinaus betrachtete Er das Herzchakra als 'Bewusstseinspunkt', der zwischen den Welten schwebt, also an allen Anteil hat. Insofern steht es in auch Verbindung zur ewigen Gegenwart.

Als Gedächtniskeim des Göttlichen in uns ist der Archetyp der Schönheit über alle fassbaren Kategorien erhaben. Auch das lehrte uns der Meister. Mitten ins Herz eines Tempels vorzudringen bedeutet für uns Pilger, die wir nun einmal sind, sich wieder an den Weg zum Ursprung zu erinnern.

Diese Erinnerung erhellt einen unvorstellbar riesigen Raum, sagte der Meister.

Wir wussten, dass Er es nicht symbolisch oder allegorisch meinte, sondern auf geistig-seelischer Ebene eine ganz konkrete Wirklichkeit angesprochen war.

Das hatte einen bestimmten Grund ... Der Meister Jeshua hatte uns nämlich einmal ein Erlebnis zuteilwerden lassen, das man nie mehr vergisst.

Wir waren knapp zehn Leute ... Nachdem er uns gebeten hatte, uns im Kreis um Ihn herumzusetzen, hatte Er sich langsam um die eigene Achse gedreht, um jedem von uns ein paar Sekunden gegenüberzustehen. Während dieses kurzen, kostbaren Moments, blickte Er uns tief in die Augen und legte uns sanft die Hand aufs Herzchakra. Ich glaube sagen zu können, dass es für alle ein zutiefst prägendes Erlebnis war. Als wir uns später darüber austauschten, um unser Glück zu teilen, mussten wir feststellen, dass wir alle denselben inneren Weg gegangen waren ...

Genau in dem Moment, als der Meister die Mitte unserer Brust berührte, hatte jeder von uns ganz körperlich das Gefühl gehabt, still in einen bodenlosen Lichtbrunnen zu fallen und zwar weder mit dem Kopf noch mit den Füßen voran ... sondern wirklich 'durch das Herz', als würde das gesamte Wesen von ihm angesogen.

Ich erinnere mich noch genau daran, wie unendlich riesig diese Herzenshöhle war. Sobald das anfängliche Gefühl des Fallens vorüber war, hatte ich eher den Eindruck, zu irgendeinem unbekannten Gipfel aufzusteigen. In den Lichtströmen, die meinen Blick umfingen, schien es kleine Fächer zu geben, von denen jedes eine ganz eigene Welt barg - mit all ihren Herrlichkeiten und Kleinlichkeiten, ihrem klaren Himmel und ihren Gewittern. 'Irgendetwas in mir' wusste das einfach. Auch das Bild eines von Leben wimmelnden Bienenstocks mit honiggefüllten Waben drängte sich mir auf. Es war unvorstellbar kraftvoll, fast schon beängstigend ... zugleich aber unglaublich sanft, voll wehmütiger Sehnsucht.

All das endete abrupt - wie man aus einem unaussprechlichen Traum erwacht. Zugleich wusste ich, dass ich weder eingeschlafen war noch etwa das Bewusstsein verloren hatte.

Als Christus den Moment für gekommen hielt, unser Erlebnis zu erläutern, betonte Er erst einmal, dass wir bei den Chakren - also auf der Ebene jedes einzelnen unserer

'Feuerräder' - eine ganz ähnliche Erfahrung hätten machen können - nämlich die Verwandlung des anfänglichen Gefühls des Stürzens in eine Aufstiegsbewegung. Wörtlich sagte Er:

Wenn man in sich hinabsteigt, steigt man auf. Was uns als Sturz erscheint, ist in Wahrheit nur die Demutsgeste, die uns dazu bringt, zu unseren Quellen emporzusteigen. Diesmal habe ich euch nur ein wenig geholfen, das ist alles ...

Die Waben, die an einen Bienenstock erinnern, sind dem Meister zufolge bei jedem anders, denn sie entsprechen je einem unserer Leben - auch jenen, die noch im Entstehen begriffen sind.[8]

Er ging noch weiter und sagte, es sei ganz entscheidend, reinen Herzens zu sein, weil das Herz die Hauptpforte zu unserem Gedächtnis ist. Auf den Gipfel dieses Gedächtnisses aber, ist das Siegel der Schönheit eingraviert ... und zwar genau an jenem Punkt, an dem wir es nicht mehr aushielten und schlagartig in unseren Körper zurückkehrten.

"Ist es auch der Ort der Sehnsucht?", fragte einer von uns.

"Genau", gab der Meister zur Antwort, *"denn das Feuerschloss der Schönheit ist von einer Wasserkrone aus Sehnsucht umgeben ... Diese Sehnsucht entspringt unserer Trennung von der Schönheit. Von diesem nostalgischen Gefühl rührt die Traurigkeit, die uns auf den vielen Wegen durchs Leben oft begleitet.*

8) Das ist hier natürlich innerhalb des Spiels der linearen Zeit zu verstehen.

Um eine Brücke über dieses Gewässer zu schlagen und die Freude der Schönheit wiederzufinden, müssen wir mit sämtlichen Waben unseres Lebens unseren Frieden gemacht haben."

Da drängte sich uns allen ein und dieselbe Frage auf: *"Gibt es also keine andere Lösung, als den Knäuel all unserer Leben zu entwirren? Diese Aufgabe erscheint übermächtig ... Sie ist viel zu kompliziert."*

"Doch, es gibt noch einen anderen Weg ... Ihr müsst den Zugang frei machen, die Riegel öffnen und euch von den Hindernissen befreien, die so häufig das Leid in eurem Leben verursachen.

Es sind stets dieselben Dinge, die euch hinter Schloss und Riegel verbannen. Man kann ihnen viele Namen geben: Egoismus, Trägheit, Brutalität, Geiz, Stolz ...

Doch im Grunde gibt es nur ein einziges Hindernis ... die Angst. Mit ihr werdet ihr euch auseinandersetzen müssen, wenn ihr das Zentrum eurer Brust reinigen wollt. Nicht auf kämpferische Weise ... vielmehr sollt ihr sie mit Zärtlichkeit auflösen."

Dann kam der Meister auf den Begriff der Schönheit zu sprechen. Sie war für Ihn kein abstraktes Konzept, das auf vom Menschen erschaffenen ästhetischen Regeln basiert ... sondern ein Wesenszug Gottes - nämlich das Gute und Wahre in der Absolutheit seines Vaters, jenseits des Schleiers der Zeit.

Schönheit entspricht dem Urprinzip des Lebens. Sie ist seine grundlegende Ausdrucksform und zugleich sein Ziel.

Sie trägt das Gepräge des himmlischen Friedens, den wir alle suchen, an den wir uns auf unbestimmte Weise herantasten. Das erklärte Er uns ganz genau.

Der Meister Jeshua half uns, die Zugangswege zum vierten Chakra freizulegen. So konnte sich der Würgegriff der Angst lockern. Wir entgingen der Umklammerung dieser blockierenden Kraft. Darin kam der Wert Seiner Übung voll zur Geltung:

a) Wir sitzen bequem in traditioneller Meditationshaltung und verschränken die Arme vor der Brust. Es ist wichtig, darauf zu achten, dass der rechte Arm auf dem linken liegt. Den Atem lassen wir frei fließen und laden den Frieden zu uns ein.

b) Dann verlagern wir ganz allmählich unser Bewusstsein in die Mitte der Brust. Sobald es sich mit dem Herzchakra verbindet, versuchen wir in dieser Körperregion eine zartrosa gefärbte Lichtspirale wahrzunehmen, die sich harmonisch um sich selbst dreht. Sie kreist im Uhrzeigersinn und erscheint aus unserer Sicht flach. Die Atmung folgt auch weiterhin ihrem natürlichen Rhythmus.

c) Sobald sich die Sanftmut der Lichtspirale in uns ausgebreitet hat, lassen wir aus ihrem Zentrum einen schönen Lichtstrahl zum Kopf hin aufsteigen. Es kann weißes Licht sein – im Idealfall aber wirkt es leicht rosa getönt, genau wie die Herzspirale selbst. Der Aufstieg dieser kleinen Lichtsäule wird von einer langsamen Einatmung durch die Nase begleitet.

d) Wenn die Lungen gut gefüllt sind und das Licht etwa 20 cm über unseren Kopf aufgestiegen ist, lassen wir den Überschuss der Lichtsäule sich einrollen, sodass auch hier eine Spirale entsteht, die ebenfalls im Uhrzeigersinn kreist. Nun halten wir einige Sekunden lang die Luft an und betrachten sie. Dann atmen wir aus. Jetzt darf die Aufmerksamkeit nachlassen und wir atmen wieder normal. Diese Übung sollte viermal hintereinander ausgeführt werden.

Nehmen wir uns, wie gehabt, die verschiedenen Stufen noch einmal vor.

a) Die Arme sind vor der Brust verschränkt, wobei der rechte über dem linken liegt, der Atem fließt frei.

Besonders zu beachten ist die Position der Arme. Der rechte Arm muss auf dem linken liegen. So ruhen die Hände ganz von selbst auf der Kuhle zwischen Schlüsselbein und Oberarmknochen. Diese Haltung erinnert an die traditionelle Darstellung der Pharaonen mit ihren Rollensymbolen: Krummstab und Geißel. Die Geißel nannten die Ägypter *nekhekh*. Sie war ein Schutzwerkzeug. Im Krummstab erkennt man den Hirtenstab wieder. Er hieß *heka,* stand für Gerechtigkeit und galt als Werkzeug eines Führenden.

In ihrem Zusammenspiel waren Geißel und Krummstab Attribute des 'guten Hirten', symbolisierten also die inkarnierte göttliche Macht. Ich erinnere mich, dass Jeshua uns erklärte, es seien Attribute des Osiris, der im alten Ägypten Meister des Herzens und Herrscher über das Totenreich war[9]. Dieser Hinweis beschäftigte uns sehr, da wir gelernt hatten, der Kultur des 'Volkes aus dem Süden' äußerst skeptisch gegenüberzustehen, ebenso wie der Griechischen Tradition. Wiederum ging es Christus darum, Vorurteile aufzulösen und uns daran zu erinnern, dass wahres Wissen überall auf der Welt zu finden ist. Es schmiegt sich allen möglichen Wahrnehmungen an.

Natürlich ging es Ihm nicht allein um den kulturellen Aspekt. Er brachte uns den Sinn der ägyptischen Symbole vor allem deshalb nahe, weil sich grundlegende Wahrheiten darin verbergen.[10]

Auf energetischer Ebene sah Er die Region des Herzchakras als strahlende Lichtquelle, aus der kreuzförmig vier Hauptstrahlen hervorgehen. Dieses Kreuz wird von zwei Lichtströmen gebildet, die sich bei jedem Menschen im Zentrum der Brust treffen.

In diesem bildlichen Vergleich erkennen wir unschwer die beiden großen, seitlichen Nadis, die sich genau in der Mitte des vierten Chakras kreuzen. Der Nadi, welcher im

9) Vgl. Die Parallele zwischen Christus und Osiris in: "Berichte von Astralreisen", Knaur Verlag.

10) Die meisten von uns wussten nicht, dass bestimmte therapeutische Kenntnisse der Essener Bruderschaft auf ägyptische Initiationsriten zurückgehen.

linken Rippenbogen entspringt und bis zur rechten Schulter verläuft, transportiert im Körper eine Energie der Stimmigkeit und Gleichmäßigkeit. Der andere kommt von der rechten Rippenflanke und führt zur linken Schulter. Er strahlt schützende Liebe und Barmherzigkeit aus.[11] So erklärte es uns der Meister. Verschränkt man entlang dieser beiden Energiebahnen die Arme, so verstärkt sich die Wirkung. Das trägt dazu bei, dass die entsprechende Energie angstfrei inkarnieren kann.

Die Haltung der Arme ist also höchst bedeutsam, sowohl auf symbolischer als auch energetischer Ebene. Sie treffen sich auf der Brust und überkreuzen sich wie zwei Träger direkt über den großen, quer verlaufenden Nadis. Damit stiften sie im feinstofflichen Organismus ein Kraftfeld, das mit Schutz, Gleichklang und Barmherzigkeit zu tun hat ... lauter Dinge, die heute fast in Vergessenheit geraten sind.

Damals dachten wir, dass der rechte Arm über dem linken liegen muss, hänge mit der feinstofflichen Anatomie des Körpers zusammen, die zuweilen recht kompliziert ist. Jeshua aber lehrte uns, dass es vor allem darum ging, auf die traditionelle symbolische Bedeutung zu achten. Hinter einem echten Symbol verbirgt sich stets ein Archetyp, aus dem dann im Laufe der Zeit ein Egregor entstanden ist. Beide geben ihm natürlich Kraft. Daher ist es keine Kleinigkeit, ein altes Symbol einfach auf den Kopf zu stellen – ganz gleich, um welches es sich handelt. Das kann nämlich Auswirkungen auf unsere tieferen Strukturen haben, sowohl

11) Vgl. die Abbildung am Ende des Buches.

mental als auch auf zellulärer Ebene. Daher wird in manchen Traditionen aus therapeutischen Gründen - oder zum persönlichen Schutz - das Tragen geometrischer Symbole wie etwa des Pentakels empfohlen.

Christus hingegen rief uns immer wieder in Erinnerung, wie wichtig es ist, alles dran zu setzen, uns von jeglicher 'Form' frei zu machen, die uns von außen übergestülpt wird. Er lehrte uns, 'unser eigenes Pentakel' zu sein - mithilfe des Wissens um die Geistesgesetze und energetischen Kreisläufe des Körpers ... insbesondere der Chakren.

b) Wir verlagern unser Bewusstsein in die Mitte der Brust und nehmen dort eine rosa Lichtspirale wahr, die sich im Uhrzeigersinn dreht.

Diese Spirale ist nicht nur ein Fantasieprodukt, das muss man sich klarmachen. Genau in der Mitte jedes Chakras gibt es einen Lichtwirbel. Er strahlt nach vorne aus und dringt auf der Rückseite in den Körper ein.

Als der Meister uns wie beschrieben die Hand auf die Brust legte, berührte er genau den Punkt, an dem sich die 'Polarität' begegnet. Beim Herzen entspricht er dem Keimatom, das jeden Menschen von Leben zu Leben begleitet.[12]

Christus lehrte uns, dass wir mit vergangenem Leid in Kontakt treten können, wenn wir uns der Drehbewegung des Lichtwirbels hingeben, der 'im Uhrzeigersinn' kreist, wie wir heute sagen würden.

12) Vgl. Karmische Krankheiten, S. 12-13, vom selben Autor, Silberschnur Verlag.

Die Wahrnehmung der Lichtspirale in uns aufsteigen zu lassen, führt zu einer gründlichen Reinigung von leidvollen Erinnerungen. Das ist Ziel der Übung.

Eingedenk dessen wird deutlich, welch' 'subtile Verbindung' die vom Meister angeregte Reinigung des Herzchakras herstellt. Das vom Bewusstsein während der Wahrnehmung der Lichtspirale polarisierte *Prana* reinigt die 'Waben' des Gedächtnisses.

Diese Übung kann natürlich Gefühlsreaktionen hervorrufen ... die nicht einmal unbedingt von tief vergrabenen Erinnerungen herrühren müssen. Der Rabbi Jeshua riet uns, sie einfach hinzunehmen, ohne groß nach den Ursachen zu forschen, außer wenn diese sich direkt aufdrängen. Wir dürfen nicht vergessen, dass Sanftmut in seiner Lehre stets an erster Stelle stand. Dennoch sind bei den Reinigungen, die für geistiges Erwachen notwendig sind, Erschütterungen unvermeidlich. Das ist bei uns inkarnierten Menschen ebenso.

Der Meister erklärte uns, die Farbe Rosa müsse man nicht unbedingt in Zusammenhang mit dem Herzchakra bringen. Ihr sanfter, fleischfarbener Schimmer wirke vielmehr beruhigend. Das ist für die Übung ideal.

Auch die Arme vor der Brust zu verschränken kann Gefühlsausbrüche abfedern, sagte der Meister. Sollten wir diese Haltung in intensiven Momenten jedoch unbequem finden oder uns dadurch eingeschränkt fühlen, so riet Er, die Arme sinken zu lassen, und die Hände seitlich neben dem Körper auf den Boden zu legen.

c) Während wir langsam einatmen steigt aus dem Zentrum der Spirale unseres Herzens eine Lichtsäule auf - bis über den Kopf.

Diese ganz einfache innere Bewegung spricht für sich.

Ich möchte nur darauf hinweisen, dass wir im Idealfall nicht vom Kopf her entscheiden, wann genau wir ausatmen, um die zarte Lichtsäule aufsteigen zu lassen. Der rechte Augenblick ergibt sich aus der Drehbewegung der Herzspirale. Der Aufstieg des Lichtstrahles sollte erlebt werden, wie eine 'vertikale Kanalisierung' des überfließenden Herzens. Worin besteht dieser Überfluss? Aus der Allmacht des Mitgefühls, zu dem wir spontan fähig sind. Die Qualität des Lichts, das nun etwa zwanzig Zentimeter über unseren Kopf aufsteigt, hängt wesentlich von dieser Spontaneität ab. Das leuchtet unmittelbar ein.

Ganz gleich, ob man es nun als Barmherzigkeit oder Mitleid bezeichnen will - jedenfalls ist es ein echtes, umfassendes Liebesgefühl ... das jedoch einen Großteil an Kraft einbüßt, wenn es nicht aus einem 'heiligen Drang' hervorgeht - wie Christus das nannte.

d) Die feine Lichtsäule rollt sich über unserem Kopf ein, bildet also eine Spirale - und zwar genauso eine, wie zuvor im Herzchakra.

Die letzte Übungsphase knüpft unmittelbar an die vorausgehenden an. Im Grunde würde man erwarten, dass der Lichtstrahl direkt aus dem siebten Chakra hervorsprudelt.

Dass der Meister die Lichtspirale wählte, verweist auf den dynamischen Aspekt der Übung.

Ziel dieser Reinigung der Herzkreisläufe ist die Vereinigung der Erinnerungen in zärtlichem Mitgefühl. Sie vollzieht sich nicht über eine Verschmelzung mit dem Kronenchakra. Vielmehr nährt der von der Spirale ausgehende Liebesanstoß dieses Chakra, verleiht ihm eine friedvolle Gedankenform und verherrlicht diese. Das soll durch die Übung erreicht werden.

Der Meister riet uns, die Spirale über dem Kopf nur wenige Sekunden lang wahrzunehmen, während wir mit gefüllter Lunge die Luft anhalten. So bleibt der Schwung, aus dem sie entstanden ist, ganz rein, ohne dass Denken und Wollen - in ihrer üblichen, vorschnellen Art - eingreifen können ...

Wiederum sollen Entspannung und Freude bei der Reinigung überwiegen.

"Eine Reinigung", sagte der Rabbi Jeshua, *"ist keine Kasteiung. Sie arbeitet vielmehr mit dem ursprünglichen Glanz und der Herrlichkeit des Wesens. Sich zu reinigen ist keine Selbstbestrafung, sondern die Versöhnung mit unserer wahren Natur."*

5. Phase

Die Reinigung des fünften Chakras

Die Lehre zur Reinigung des Halschakras erhielten wir in einem kleinen Haus im Herzen Jerusalems, wo wir uns gelegentlich sehr diskret um den Meister versammelten. Dort machten wir zum ersten Mal die entsprechende Übung. Die Umstände sind bedeutsam. Am Ende geht es nämlich recht laut zu - und das an einem Ort, an dem wir nicht auffallen wollten.

Was wollte der Meister damit erreichen - warum brachte Er uns in eine solche Situation, die wir heute als 'stressig' bezeichnen würden? Nun, wir sollten einfach lernen, unsere Angst zu überwinden und mutig zu uns zu stehen.

"Rettet euch in Mitgefühl", erklärte Er. *"Es wird euch die Kraft geben, über der Furcht zu stehen und wahrzunehmen, was in den Augen des Ewigen rechtens ist."*

Während Er das sagte, ritzte Er mit einem spitzen Hölzchen die Form eines menschlichen Körpers nach Darstellung der Kabbala in die festgestampfte Erde. Daran erinnere ich mich gut.

"*Wir befinden uns hier*", sprach Er, "*wo diese beiden Punkte sich überlagern ...*" *Wir schauten, wo Er seine Finger hinlegte: Zwei Kraftzentren, die in etwa im Bereich der Schultern liegen, rechts Gheboura und links Hesed.*[13]

"*Diese beiden Altäre des großen Tempels*", fügte Er hinzu, "*dienen dem Energiewirbel des Halses, dessen Hauptaufgabe es ist, die Reinheit des Herzens zur Geltung zu bringen.*

Sie gemahnen daran, dass wir Angst überwinden und Stimmigkeit lernen müssen, um klar und kraftvoll Liebe zum Ausdruck zu bringen."

Daraufhin erklärte der Meister uns das Halschakra ausführlich. Im Orient wird es *Vishudha* genannt. Er betonte dessen große Bedeutung für Gleichgewicht und Gesundheit des Menschen. Mit einfachen Worten brachte Er uns nahe, was heute in komplizierte Begriffe gefasst wird: Der Kehlkopf ist nicht nur für Kommunikation zuständig, er spielt auch eine entscheidende Rolle bei der Regulierung des menschlichen Organismus, sowohl auf körperlicher als auch feinstofflicher Ebene. Ich gebe Seine Sichtweise in zeitgemäßen Worten wieder: Diese Region funktioniert wie eine Schleuse oder genauer, wie ein machtvoller Regulationsmechanismus, der die Darmfunktion nachhaltig beeinflusst - und zwar in Abhängigkeit dessen, was man ausspricht oder eben nicht.

---

13) Vgl. die Zeichnung auf S. 130.

Damit meinte Er, dass parasitäres Denken, das nicht korrekt geäußert wird - wir nennen es *Gedanken-Formen* - im Halsbereich zu einem Energiestau führt, der regelrecht toxisch wirken kann. Daher gehen Verdauungsprobleme häufig auf Kommunikationsstörungen zurück.

Was wir sprachlich 'äußern' hat direkten Einfluss auf unsere Ausscheidung ...

Im Grunde reguliert das Halschakra den gesamten Gefühlshaushalt des Menschen und die Organe, welche unmittelbar damit zusammenhängen - also die Gedärme, aber auch Lunge und Zwerchfell. Die Unterweisung des Rabbis Jeshua zielte darauf ab, uns das verständlich zu machen.

"Wer schlecht redet, atmet auch falsch", erläuterte Er. "Schlecht zu reden" bedeutete für den Meister, ganz einfach 'aus der Angst heraus' zu sprechen - Angst vor sich selbst, den anderen und dem Leben. Mit rhetorischen Fähigkeiten hatte es also nichts zu tun, vielmehr kam es allein auf die Gesinnung an. So konnte man vor Publikum ein hervorragender Redner sein und sich doch belügen. Dann bezog sich das 'schlechte' Reden' auf die Zwiesprache mit sich selbst - etwa wenn man sein Herz verriet, indem man sich hinter leeren oder falschen Worten versteckte.

Ein schlechter Gebrauch des Halschakras führt also zu einer Verschmutzung der Zellen - etwa wenn man seine Sprache allein dem Intellekt überlässt, der gesellschaftlichen Zwängen unterworfen ist. Das kann dann zu Verstopfungen des Atmungs- oder Verdauungssystems führen.

Heute wissen wir, dass durch all die negativen Auswirkungen, die es auf Körper und Seele hat, auch die Schilddrüse geschwächt werden kann. Jähzorn deutet Jeshua zufolge drauf hin, dass jemand sein grundlegendes, tiefes Leid nicht richtig ausdrücken kann. Daher sollten wir die Reinigungsübung des fünften Chakras besonders sorgfältig ausführen. Jedenfalls ist diese Übung auch nach zweitausend Jahren noch immer sehr nützlich. Mehr muss man dazu nicht sagen.

a) Wir setzen uns bequem hin und legen die linke Hand mit der Handfläche nach oben auf das linke Knie. Gleichzeitig legen wir die rechte Hand auf das Halschakra. Dann sitzen wir einen Moment lang mit geschlossenen Augen still da und lassen den Atem frei fließen.

b) Nun konzentrieren wir uns auf die Atmung. Wir beginnen damit, langsam und bewusst einen Luftstrahl einzuatmen, dem wir innerlich eine hellblaue Färbung geben. Während der Einatmung achten wir darauf, die Luft ganz bewusst am hinteren Teil der Nasenhöhle vorbeistreichen zu lassen.

c) Wenn unsere Lungen gefüllt sind, atmen wir nach einer kurzen Atempause genauso wieder aus, nur dass der Luftstrom diesmal dunkelblau ist. Er ist nämlich mit ätherischen Schlacken beladen. Um die Reinigung korrekt auszuführen, muss diese Ein- und Ausatmung sieben Mal wiederholt werden.

Nun beginnt die Phase der Stärkung, welche die Übung wesentlich ausmacht.

d) Zunächst stoßen wir tief aus der Kehle einen Summton aus. Innerlich können wir den Klang als AUM wahrnehmen. Wenn uns langsam die Luft ausgeht, schließen wir den Mund und stoßen die restliche Luft durch die Nase aus.

Die Phase d) wird fünf Mal wiederholt. Danach bleiben wir noch eine ganze Weile still sitzen und lauschen auf das Sirren des Prana in der Mitte unseres Kopfes und sein Prickeln tief in unserer Kehle.

Sehen wir uns nun die einzelnen Schritte der Übung noch einmal genau an.

a) Wir sitzen ganz still da, während die linke Hand auf dem linken Knie und die rechte auf dem Halschakra ruht.

Auf energetischer Ebene bilden wir mit dieser Haltung eine Schleife. Sie schafft eine besondere Verbindung zwischen der Erde - die über das Knie Kraft spendet - und dem Kehlkopf - der über den Klang die Urkraft des Lebens vermittelt.

Im Klang kommt die Überfülle des Bewusstseins und Körpers zum Ausdruck - und damit das grundlegende Bedürfnis, kreativ zu sein. Dieser Ausdruck ist doppelseitig, zum einen ist er eine Entleerung, zum anderen erweist sich darin Fülle. Leben ist Austausch - darum bedient es sich des Klanges und seines Trägers, des Atems und Geisteshauchs. Ich habe es euch gesagt: "Im Herzen des Wortes lebt der Geist."

Mit diesen Worten beschrieb der Meister Jeshua die erste Übungsphase der Reinigung des fünften Chakras.

Bei der Sitzposition war es wichtig, gut im Boden verankert zu sein, während wir in die sogenannten 'höheren Sphären' unseres Wesens aufstiegen. Darauf mussten wir achten.

Das Kraftzentrum in der Kehle war aus Sicht unseres Lehrers die Schwelle zum Allerheiligsten des großen menschlichen Tempels. Sie entsprach gleichsam der Himmelspforte. In dieser Region kommen die Bausteine, aus denen wir gemacht sind, ätherisch zum Ausdruck. Das scheint im Widerspruch zu einer guten Verankerung im Boden zu stehen, aber man muss es richtig sehen. Für den Meister war Äther nichts Immaterielles. Er sprach über ihn genauso wie über alle Dinge, die uns konkret entgegentreten und beschrieb ihn als eine Welt, die viel 'fassbarer' ist, als wir glauben. Mit der Reinigung des Halschakras und den unmittelbar damit verbundenen Nadis, schließen wir das Portal zu unserem Allerheiligsten auf und öffnen uns machtvoll der Wahrnehmung der 'Stimmigkeit'. So können wir barmherzige Liebe in die Welt bringen.

b) Wir atmen langsam einen hellblauen Luftstrom ein. Er schrubbt am hinteren Teil unserer Nasenhöhle entlang.

Blaues Licht brachte Christus stets in Verbindung mit der Gegenwart des Wortes in der Schöpfung. Außerdem erwähnte er mehrfach, dass die Farbe Blau in der Seele seines Himmels auftrat, wenn Er Wunder tat. Dieses klare Blau war für Ihn die sichtbare Manifestation des Formen und Fakten schaffenden Klangs. Er sah blaues Licht als unmittelbaren Ausdruck des schöpferischen Gottes, des Erzeugers der Welt der Erscheinungen, durch die wir das Leben erfahren.

Er führte diesen Gedanken noch weiter und lehrte uns, dass jeder Mensch durch Atem und Kehlkopf dieselbe Fähigkeit besitzt. Das soll uns bewusst werden. Es ist Gottes Wille. Das erinnert freilich an die 'sanfte Stimme' der Essener Eingeweihten und Therapeuten.[14]

Sehen wir uns nun an, wie der Luftstrom den hinteren Teil unserer Nasenhöhle 'schrubbt'. Das verweist genau auf Punkt e) der Reinigung des zweiten Chakras. In dieser Körperregion liegt ja bekanntlich ein feines Netz von Nadis. Es geht dabei um die Qualität des ein- und ausgeatmeten *Pranas*[15].

Den bereits erwähnten Erklärungen ist nichts hinzuzufügen, außer vielleicht, dass die 'Blautönung', die wir dem Luftstrom verleihen, die Wirkung der Nadis noch verstärkt.

Der Meister wies uns in seinen Erklärungen wieder und wieder darauf hin, dass jede Körperregion eine eigene Weisheit besitzt, deren Feinsinnigkeit wir kaum erahnen können. Wenn ich Ihn so reden hörte, hatte ich oft den Eindruck,

---

14) Vgl. Essener Erinnerungen, Kapitel "Die sanfte Stimme", Silberschnur Verlag.

15) Vgl. Seiten 38 und 43 bis 46.

dass das Bewusstsein des inkarnierten Menschen aus einer Vielzahl einzelner, außerordentlich scharfer Bewusstseinsfacetten besteht, die unserer gesamten Liebe bedürfen, um harmonisch miteinander kommunizieren zu können ... Und dieses Liebespotenzial, sagte Christus, beginnt mit Respekt vor sich selbst und dem Leben.

Damit meinte Er natürlich nicht unser Ego, sondern die göttliche Flamme, die uns innerlich belebt.

c) Mit gefüllten Lungen halten wir kurz die Luft an. Dann atmen wir einen dunkelblauen Luftstrom aus.

Auf dem Hintergrund der bereits gegebenen Hinweise spricht diese Übungsphase für sich. Das Anhalten der Luft dient vor allem dazu, dem Bewusstsein Raum zu geben, sich das Erreichte kurz vor Augen zu stellen. Dadurch wird auch die Ausatmung viel bewusster erfolgen. Es geht dabei ja um den Ausstoß mentaler Schlacken, die sich aus individuell ganz unterschiedlichen Gründen in der Kehle angesammelt haben.

Wir verleihen dem ausgestoßenen Luftstrom nun innerlich eine dunkelblaue Farbe. Das verweist auf die seelischen Spannungen, welche von den Nadis im hinteren Bereich der Nasenhöhle gefiltert werden. Nicht die Luft, die aus unserer Nase kommt ist dunkelblau - der Eindruck entsteht, wenn die noch verunreinigte Luft in Kontakt mit der Nasenhöhle tritt.

Es ist wohl deutlich geworden, dass in dieser Region, die unter der Regie des fünften Chakras steht, sowohl bei der

Ein- als auch Ausatmung ein intensiver Austausch von Lebensenergie stattfindet. Seine Kraft gewinnt er aus der Orientierung unseres Bewusstseins 'in die höchsten Tiefen'.

Wie bei anderen Übungen auch sind beide Nasenflügel aktiv. Das zeigt, dass der Meister *Ida* und *Pingala* zu gleichen Teilen in die Reinigungspraxis der Chakren einbezog. Auch die Zahl sieben verweist in ihrem Symbolcharakter - aber auch darüber hinaus - auf die Reinigungsfunktion. Man soll die Ein- und Ausatmung ja sieben Mal wiederholen, wie in b) und c) beschrieben. Alles was der Schwingungskraft der Sieben untersteht, führt zu einer Reinigung im Sinne der Rückführung auf die ursprüngliche Form. Entsprechend wurde festgestellt, dass der menschliche Körper sich auf Zellebene alle sieben Jahre völlig erneuert. Christus konnte uns dieses Wissen noch nicht in solchen Begriffen erläutern, wusste aber gewiss darum. So sagte Er zum Beispiel:

"Wer seid ihr nun eigentlich? Euer Körper, der Tag für Tag herumgestikuliert - oder das geistige Wesen, das durch ihn zum Ausdruck kommt? Vergesst nicht, meine Freunde, ihr seid nicht mehr derselbe Mensch, der ihr als Kind oder auch nur in einer zurückliegenden Lebensphase wart[16]*. Die Masken lösen sich gegenseitig ab. Von Dauer ist allein der Geisteshauch eures Seins. Achtet also auf ihn, denn ich sage euch, er ist mein Vater und meine Mutter in euch ..."*

d) Wir summen tief aus der Kehle heraus. Wenn uns die Luft ausgeht, stoßen wir, was davon noch übrig ist,

16) Eine Lebensphase umfasste im damaligen Denken sieben Jahre.

kräftig durch die Nase heraus. Diesen Vorgang wiederholen wir fünf Mal.

Dank seines langen Aufenthaltes in Indien und dem Himalaya kannte der Meister zweifellos das Geheimnis der Schwingungsfrequenz des Klanges AUM. Das 'Summen', das Er mit uns übte, ist jedoch etwas anderes. Die Kehle einfach ins Schwingen zu bringen, setzt noch nicht dieselben Kräfte frei wie die volle Ausgestaltung des AUM. Hier geht es vor allem darum, geistigen Freiraum zu schaffen und zugleich den gesamten Halsbereich bis in die Zellen hinein auszudehnen. Dadurch werden schmerzhafte Erinnerungen gelöst, die sich gerne in dieser Körperregion festsetzen. Man könnte sagen, die Schwingung des Tones lässt die Schalen bersten und setzt ihren Inhalt frei, der sich dann auflöst. Es kommt bei dieser Übung also nicht so sehr darauf an, dass die Luftsäule in der Kehle zirkuliert, sondern wirklich auf die Reinigungsfunktion des Klanges. Wenn der Mund sich schließt und die Luft aus der Nase kraftvoll ausgestoßen wird, setzt das nun veränderte *Prana,* aus dem sie besteht, ätherische Mikropartikel frei, die wie ein 'mentaler Kitt' funktionieren. Dieses Bindungsmittel führt nämlich dazu, der inneren Anspannung Struktur zu geben, sodass eine regelrechte 'Gedankenform' daraus werden kann.

Was am Ende der Übung durch die Nase ausgestoßen wird, ist also keine verschmutzte Materie. Es ist völlig neutral.

Es war der Wille Christi, dass wir niemals auch nur das geringste Lebenspartikel ausstoßen, das die Welt ätherisch belastet oder verunreinigt. Von Ökologie wussten wir zwar noch nichts, da unsere materiellen Produkte im Einklang mit der Natur standen, aber psychische Verschmutzungen und ihre Auswirkungen auf das innere Gleichgewicht waren uns bekannt. Sie wirken ja bis in die Zellen hinein.

Darum ist die Reinigung des fünften Chakras absolut grundlegend. Das lehrte uns der Meister. Man könnte es damit vergleichen, sich regelmäßig die Zähne zu putzen.

6. Phase

Die Reinigung des sechsten Chakras

Nun sind wir beim sechsten Hauptchakra des menschlichen Körpers angelangt und kommen damit zum Allerheiligsten des Tempels. An diesem Punkt sind wir dazu aufgerufen, uns ganz bewusst einer anderen Wahrnehmung zu öffnen, denn das Stirnchakra ist Ausdruck des 'Blicks des Weisen'.

Im Orient wir es *Ajna* genannt und als etwas Einheitliches betrachtet. Der Meister hingegen lehrte uns, dass es in der Tradition, der unser Kreis angehört, eher 'doppelt' gesehen wird. Die Kaballa spricht in der Tat von *Binah* und *Hochmah*, zwei Sephiroth, die rechts und links am Kopf gelegen sind. Diese allgemeine Positionsbestimmung gibt jedoch, wie er sagte, nur einen Teil der Wirklichkeit wieder. Man darf nicht dabei stehen bleiben. Man muss nämlich wissen, dass *Bina* und *Hochmah* rechts und links der *Mitte* des Kopfes liegen. Ihre Strahlung trifft sich im Zentrum der Hirnschale in einem Punkt.

Genau an diesem Punkt hinter den Augen an der Hirnbasis liegt, wie wir heute wissen, die Hypophyse oder 'Hirnanhangsdrüse'.

Analysiert man den kabbalistischen Lebensbaum[17], so könnte man natürlich zunächst den Eindruck gewinnen, dass *Bina* und *Hochmah* eher auf die Schläfenlappen verweisen. Es ist jedoch nicht so. Christus beschrieb sie vielmehr als Teile eines 'zentral gelegenen Altars, der von zwei Säulen getragen wird'. Daran erinnere ich mich noch deutlich.

Mit Blick auf die neueren Erkenntnisse zur Hypophyse, kann man über solch' anatomisches Wissen nur staunen. Bei Erwachsenen besteht die Hypophyse aus zwei Lappen.[18] Wie sollte man darin nicht Binah und Hochmah erkennen, die sich zu einer einzigen energetischen Einheit verbunden haben, welche nun den traditionellen Namen *Ajna* trägt. Es ist nicht weiter überraschend, dass *Ajna* auch 'das dritte Auge', 'Shivas Auge' oder auch 'Horusauge' genannt wird.

Wenn wir die anatomischen Gegebenheiten des Menschen näher unter die Lupe nehmen, werden wir feststellen, dass die Hypophysenlappen mit dem Chiasma opticum zusammenhängen. Das ist der Ort im Stirnbereich, an dem die beiden Sehnerven sich treffen. An diesem Punkt konvergiert das Sehen des rechten und linken Auges. Das spricht für sich.

---

17) Vgl. S. 129.

18) Es existiert noch ein dritter, mittlerer Lappen, der so um das Zwanzigste oder Einundzwanzigste Lebensjahr herum zusammenschrumpft.

Nimmt man nun noch die Tatsache hinzu, dass die Hypophyse die anderen endokrinen Drüsen steuert, so lässt sich daraus schließen, dass die Funktionen unserer Chakren größtenteils vom Stirnchakra regiert werden. Insofern ist es völlig einleuchtend, dass es als 'Auge des Weisen' bezeichnet wird - also eines Wesens, das alle Facetten der Intelligenz vereinigt.

Das 'dritte Auge' übermittelt dem feinstofflichen Organismus energetisch Informationen aus unserem höheren Bewusstsein - genau wie die Hypophyse zwischen dem Gehirn, zahlreichen Drüsen und den dazugehörigen Organen vermittelt.

Kommen wir nun zum Namen, der dem sechsten Chakra oft zugeordnet wird: 'Shivas Auge'. Wenn man kurz darüber nachdenkt, so erscheint er völlig gerechtfertigt.

In der Trimurti - also der hinduistischen Trinität - spielt Shiva eine Doppelrolle. Seine zerstörerische Kraft steht oft im Vordergrund. Man vergisst darüber leicht seine Rolle als Erneuerer. Die zerstörerische Kraft Shivas steht letztlich im Dienste des Aufbaus. Der Rabbi Jeshua rief uns immer wieder in Erinnerung, dass die Suche nach Wahrheit ihrem Wesen nach unendlich ist. Wahrheit passt nicht in festgelegte Vorstellungen - im Gegenteil: Sie ist dynamisch. Das rief uns der Rabbi Jeshua wieder in Erinnerung. So vergeht eine 'Wahrheit' nach der anderen, wird abgelöst von der nächsten und so weiter ... bis unendlich. Die letztgültige Wahrheit entspricht Gott. Sie verschmilzt mit Ihm - der selbst ständig in Bewegung ist.

Eingedenk dieses Wissens richtet sich der hellsichtige Blick des Weisen voller Mitgefühl auf die Welt sowie auf sich selbst. Dieser Blick sucht einzig die Wahrheit hinter den vielen 'Wahrheiten'. Die Vergänglichkeit unserer Welt kann ihn nicht schrecken - leichthin setzt er sich über alles Flüchtige und Illusionäre hinweg, das sich den Anschein von Realität gibt.

Man kann also sagen: *Der Weise sieht die Seele hinter der Maske des Gesichts - hinter dem Lächeln der Seele den Geist und hinter dem Lichte des Geists - das Göttliche.*

Mit der Reinigung des sechsten Chakras wollte der Meister uns über die enge Sehweise unserer Alltagswahrnehmung hinausführen. Der Eindruck von Formen und Kontrasten verschafft uns zwar die Illusion, 'scharf zu sehen', hält aber aus seiner Sicht nur den Zustand der Trennung allen Seins aufrecht. Er meinte das natürlich symbolisch. Wir alle wussten, dass es nicht darum ging, auf einem Auge blind zu werden, um alles 'flach' zu sehen. Vielmehr sollten wir uns gerade um einen 'dreifaltigen' Geisteszustand bemühen.

Die drei ist in der Substanz des Einen schon enthalten, lehrte Er uns, *weil die Eins zwangsläufig die Zwei gebiert, um selbst existieren zu können. Entsprechend ermöglicht die Drei nun der Eins ihre Fülle und Einheit wiederzufinden.*

Die Einheit, welche Christus hier meinte, ist eine Frucht der Vielfalt. Sie geht aus der Synthese zahlloser Spaltungen hervor, die vom Weisen durchdrungen und entschlüsselt werden können.

Indem der Meister uns half, unser Stirnchakra zu reinigen, lehrte er uns, die Zügel fester in Händen zu halten – modern ausgedrückt: Wie ein Dirigent sollten wir die Gesten des Taktstocks in Einklang bringen und zwar in dem Wissen, dass die Instrumente unser Hormonsystem, sowie die anderen Chakren sind. Sehen wir uns nun an, wie diese Reinigungsübung funktioniert:

a) Wir schließen die Augen und öffnen uns der inneren Ruhe. Dann legen wir einen Augenblick die Hände aufeinander wie beim Beten.

b) Sobald wir uns gut zentriert fühlen, legen wir die linke Hand mit der Handfläche nach oben auf das linke Knie und führen die rechte zur Nasenwurzel, also zwischen die Augenbrauen. Nun klopfen wir mit der Nagelfläche des Zeigefingers etwa zehn Mal in kleinen, kurzen Schlägen auf unser Stirnchakra. Danach legen wir die rechte Hand mit der Handfläche nach oben auf das rechte Knie.

c) Wir beginnen langsam und sanft zu atmen. Dabei versuchen wir zu spüren, wie die Ein- und Ausatmung vom Stirnchakra ausgeht, als würde hinter ihm eine Lufttasche gefüllt und wieder entleert. Diese Atembewegung wiederholen wir etwa zwölf Mal.

d) Wir schielen mit geschlossenen Augen, ohne Zwang, aber doch stark genug, um einen Druck zwischen den Augen zu spüren. Sobald dies Gefühl sich einstellt, sprechen wir immer wieder die Silbe: TA, TA, TA ... Das machen wir - ohne zu übertreiben - so oft, bis wir genug davon haben.

Gut, gehen wir die einzelnen Schritte der Übung gleich noch einmal durch.

a) Unsere Hände sind gefaltet - wie beim traditionellen Gebet.

Dieser erste Punkt ist so einfach, dass man kaum ein Wort darüber verlieren mag. Der Rabbi Jeshua ging dennoch darauf ein. Er sagte, diese Geste sei in den meisten Kulturen dem Beten zugeordnet. Zumindest wird sie als Zeichen des Respekts aufgefasst, weil sie eine unmittelbare Wirkung auf die menschliche Aura hat. Wenn der untere Teil des Körpers eine Einheit bildet - was in der klassischen Meditationshaltung der Fall ist - und dann noch die Hände gefaltet werden, so werden automatisch auch unsere feinstofflichen Kreisläufe harmonisiert. Das lehrte Er uns. Wir werden dann zu einem geschlossenen Kreislauf, konzentrieren also unsere Kräfte und verlieren weniger Energie - was sonst im Organismus durchaus der Fall sein kann. Wer Auren sehen kann, weiß, dass sie aus zahlreichen Farbflecken wechselnder Konstanz bestehen, die sich mehr oder minder durchdringen. Die Gebetshaltung wirkt glättend auf die Aura, sodass eine Art flüssiger Austausch zwischen den Farbregionen entsteht. Das brachte der Meister uns bei. Das Falten der Hände hat eine verbindende Wirkung, weil es eine friedvolle Haltung ist. Soviel war für Ihn klar. Allerdings kann ich mich nicht erinnern, dass Er je gesagt hätte, wie das genau war - oder warum. So wichtig es Ihm auch war, dass die großen Gesetze, welche die feinstofflichen Funktionsweisen unserer Organe und Chakren steuern, uns bekannt sind, so wenig wollte er, dass wir uns in unnützen Details verlieren. Es genügte zu wissen, dass sich im Ätherleib allenthalben 'Schleusen' öffnen, wenn wir einige Augenblicke 'einen geschlossenen Kreislauf' bilden - und dass dieser so harmonisiert wird.

b) Während die linke Hand auf dem linken Knie liegt, klopfen wir etwa zehn Mal mit dem Fingernagel des rechten Zeigefingers kurz zwischen unsere Augenbrauen.

Von allem, was Christus uns beibrachte ist dies eine der ganz wenigen Gesten, die konkreten körperlichen Zugriff erfordern. Das ist das Besondere daran. Das Klopfen mit dem Fingernagel direkt aufs Stirnchakra muss stark genug sein, um einen wahrnehmbaren Reiz auf der Haut zu hinterlassen. Der mittlere Stirnbereich ist besonders empfindsam. Man muss nicht besonders sensibel sein, um das zu spüren. Bekanntlich kann ein Schlag auf diese Region plötzlich zum Tode führen, als würde der Lebensfaden abgeschnitten.

Der Meister lehrte uns, dass die gesamte Region des dritten Chakras von einem dichten Netz feinster Nadis versorgt wird. Wie Myriaden von Silberfäden durchziehen sie den eng umgrenzten Bereich zwischen Lederhaut und Hypophyse. Diese Region strotzt also vor Lebenskraft. Der Meister sprach vom 'dritten Auge' als einem Energiezentrum, das von lichter, mondfarbener Flüssigkeit durchflutet ist.

In diesem Bereich sind Haut und Knochen so zart, dass bereits ein feiner Reiz, wie er in dieser Übung beschrieben wird, unmittelbar auf die feinstofflichen Entsprechungen im Umfeld des Schädels wirkt. Das ist leicht begreiflich.

Es geht dabei um die energetische Wechselwirkung des Kreuzungspunktes der Sehnerven mit den Hypophysenlappen.

Ich möchte noch einmal betonen, dass für den Rabbi Jeshua nicht die 'technische Ausführung' der Geste im Vordergrund stand. Die kleinen, kräftigen Schläge mit dem Fingernagel auf das Stirnchakra sind wichtig, weil sie eine Welle in Bewegung setzen und damit ein Echo auslösen, das von der Hypophyse aufgenommen wird. Doch das Entscheidende ist unsere Gesinnung.

Mit dieser Bewegung, sagte der Meister Jesus, klopfen wir gleichsam an die Pforte der Seele. Damit wecken wir bestimmte Seelenschichten, schrecken sie auf - und zwar gerade dort, wo der Übergang ins Materielle am empfindlichsten ist.

Es war sein Wunsch, dass diese kleine, scheinbar belanglose Geste nicht mechanisch ausgeführt wird - sondern in einer heiligen Geisteshaltung. Das Klopfen mit der Fingernagelfläche sollte dem Appell eines Priesters gleichen, der eine Glocke läutet, um zur inneren Einkehr aufzurufen. Dabei sollten wir nicht nur den kleinen Schlag und damit einhergehenden Klang aufnehmen, sondern auch auf die entsprechende Schwingung und ihren Resonanzkörper achten.

Im Grunde bat Jeshua uns, das Bewusstsein auf die Schädelmitte zu richten, wie wir heute Blicke und Bitten zum 'Tympanon' einer Kirche richten. Stimulieren wir diese Region und bringen sie zum Schwingen, so kommt die Intelligenz des Weisen in Gang und erleuchtet uns. So sagte Er.

c) Wir atmen langsam 'durch' das Stirnchakra ein und aus, als würden wir eine dahinter befindliche Lufttasche füllen.

Anatomisch gesehen vollzieht sich die Atmung, von der hier die Rede ist, natürlich durch die Nase. Christus schwebte allerdings vor, sie innerlich durch den Kanal des sechsten Chakras zu erleben, um diesen psychisch auszudehnen. Seiner Lehre zufolge ist die - kontrollierte - Erweiterung eines Chakras und der Nadis seines Zuflussgebiets bei der Reinigung ein entscheidender Faktor. Je breiter ein Kanal oder eine Leitungsbahn ist, desto weniger Abfälle aller Art können sich darin ansammeln und zur Verstopfung beitragen. Der Vergleich mag in diesem Zusammenhang ein wenig schlicht anmuten. Man darf aber nicht vergessen, dass ein Chakra einem spiralförmigen Lichtbrunnen gleicht. Diese Spirale dringt von hinten in den Körper ein und kommt vorne wieder heraus. Ihr Durchmesser hängt ganz von der 'Qualität' des eigenen Wesens ab, also von jener 'Alchemie', zwischen Kraft und Klarheit, die eine Seele aufbringt ... selbst wenn sie in einem leidenden Körper steckt.

Wenn ich so in meinen Erinnerungen stöbere, fällt mir ein, dass ich den Meister ein oder zweimal sagen hörte, Er könne die Reinheit einer Seele erfassen, indem Er sich ganz kurz vollständig 'zwischen' ihre Augenbrauen vertiefte, "*wo die Geschichte ihrer Kraft und Weisheit jederzeit ablesbar ist*".

Erwiderte man nun, das stünde im Widerspruch dazu, was Er zuvor über das Herz gesagt hatte, so stellte Er Folgendes klar:

Das Herz ist das Tor der Erinnerungen – und der Schlüssel zu 'der' Erinnerung. Durch das Herz tritt die Schönheit des Liebens hervor. Man lernt auf ewig aus ihr, weil man sie immer weiter verbessern kann. Auch das bewirkt das Herz. Das Auge in der Mitte eurer Stirn aber lenkt Kraft und Schönheit, die daraus hervorströmen. Seine Aufgabe ist es, zu lernen, sie wohlüberlegt zu leiten. Durch dieses Auge zu sehen ist ein wenig, als würde man dadurch atmen. Es bedeutet, alles aufzunehmen, was darin im Gleichgewicht oder Ungleichgewicht ist, um die Lehren, die damit einhergehen, zu vereinigen. Es bedeutet, bis zu dem Altar vorzudringen, wo die tiefsten Absichten des Vaters spürbar werden. Euer Auge ist im Grunde die Lampe eures Wesens. Wenn es gut darum bestellt ist, das Auge also einheitlich wahrnimmt, wird es hell in euch. Dann wird euer gesamtes Wesen erleuchtet. Ist euer Auge jedoch in schlechtem Zustand, so verharrt euer Wesen in der Finsternis des Unwissens.

Was ist also das Entscheidende an der Atmungsphase der Reinigungsübung des dritten Chakras? Es ist das Maß an Liebe und Bewusstsein, mit dem wir das *Prana* einladen, die Mitte unseres Kopfes zu durchströmen.

Ich möchte noch einmal darauf hinweisen, wie wichtig es ist, diese 'feinstoffliche Atmung' nicht zu erzwingen. Ist ein Kanal zu weit ausgedehnt, droht alles hineinzustürzen

... er kann alles verschlingen - oder umgekehrt, nichts halten. Man spricht dann entweder von Verschmutzung oder von Energieverlust. Beides führt zu Störungen.

d) Wir schielen innerlich mit geschlossenen Augen. So entsteht zwischen beiden Augen ein Druck, wobei wir immer wieder stimmhaft und klangvoll die Silbe TA, TA, TA wiederholen.

Die Augen an einem Punkt zwischen den Augenbrauen zusammenzuführen, regt die Sehnerven an. Das leuchtet wohl ein. Es wirkt auch aufs 'Optische Chiasma'[19], das ja, wie gesagt, in enger energetischer Verbindung zur Hypophyse steht. Vor zweitausend Jahren ahnten wir freilich noch nichts von einem Kreuzungspunkt der Sehnerven, doch wir wussten aus Erfahrung, dass Schielen 'etwas' in uns stimulierte, das mit unserer seelischen Wirklichkeit zusammenhing.

Wir waren einfache, bodenständige Menschen, die auf Erfahrungswerte bauten, nicht Intellektuelle oder gar 'Kopfmenschen', wie es heute oft der Fall ist. Entsprechend hörten wir auch viel mehr auf unseren Körper und subtile Wahrnehmungen, als Zeitgenossen es vermögen. Es ist ja wirklich so: Sobald etwas geschieht, das wir nicht sofort einordnen können, sobald wir von tiefem inneren Erleben ergriffen werden, zweifeln wir sogleich an der Wahrhaftigkeit des Ereignisses. Wir sieben unsere Wahrnehmungen aus und sortieren sie nach den Gesetzen rationaler Vernunft.

19) Vgl. S. 86.

Einerseits ist das auch gut, da es Entgleisungen verhindert. Auf der anderen Seite schneidet uns diese allzu kritische, analytische Haltung radikal von unserer transzendenten Wirklichkeit ab. Das ist die Kehrseite der Medaille. Eine solche intellektuelle Zergliederung wollte Christus in seiner Lehre vermeiden. Indes predigte Er keineswegs blinden Gehorsam. Er predigte überhaupt nicht, da Er niemanden von irgendetwas überzeugen wollte. Er lehrte uns, individuelle Erfahrungen zu machen. Wir sollten lernen, alles selbst zu spüren.

Dieser kleine Exkurs ist für die Reinigungsphase des sechsten Chakras besonders bedeutsam. Das Schielen kann nämlich hinter unseren geschlossenen Lidern in der Mitte des Kopfes Lichterscheinungen hervorrufen, zuweilen sogar geometrische Figuren. Es sind nicht etwa Fantasiegebilde oder illusionäre Vorstellungen. Sie zeugen vielmehr von dem Maß an innerer Klarheit, das wir im tiefsten Wesen in uns tragen. Typischerweise erscheinen 'auf unserem inneren Bildschirm' ein Goldring, eine blaue Scheibe oder ein leuchtender, fünfstrahliger Stern.

Der Meister hat nie viel zu den Lichtformen gesagt, die aus dem Stirnchakra aufsteigen. Er meinte, Er wolle uns nicht zu viel an die Hand geben, was das Ego nähren könnte. Damit hatte Er natürlich recht. Bis auf den heutigen Tag wollen viele Leute, sobald sie beginnen, sich mit Spiritualität zu beschäftigen, den 'Grad ihrer Erleuchtung' ermessen. Doch sobald von 'abgestuften Graden' die Rede ist, befinden wir uns in einem Beurteilungssystem, das uns von der Einheit, um die wir uns bemühen sollen, nur immer weiter abbringt. Konkurrenzdenken hat in diesem Bereich keinen Platz - und sei es noch so unterschwellig.

Kommen wir nun zum Klang der letzten Phase der sechsten Übung. Der Rabbi lehrte uns ja, während wir schielten, immer wieder die Silbe TA auszusprechen. Er wies jedoch darauf hin, dass wir durch die Wiederholung der Silben in Wahrheit eher den Ton TAT formten und erklärte auch gleich, warum diese Silbe ausgewählt worden war.

Er erwähnte Gebete, die Er während seiner Reise ins 'Land der schneebedeckten Gipfel'[20] - wie Er zuweilen sagte - immer wieder gesprochen hatte. Dabei erzählte er auch kurz vom heiligen Charakter des Sanskrit, das er lernen musste und vom Mantra TAT TVAM ASI, das Er während intensiver Perioden einsamen Rückzugs unzählige Male ausgesprochen hatte. Er lehrte uns, was dieses Mantra bedeutete: "Das bist du". TAT bedeutet 'das' und meint in diesem Zusammenhang nichts Geringeres als 'die höchste Wirklichkeit' - also die jenseits unserer Wahrnehmung gelegene Göttlichkeit. Damit befinden wir uns wieder in der Nähe des kabbalistischen 'Aïn Soph', also des 'Unergründlichen'.

Dem Meister zufolge war die Schwingung des TAT, die entstand, während wir unseren inneren Blick stimulierten - also die Schwingung jener 'höchsten Wirklichkeit' - in der

20) Vgl. Essener Erinnerungen, vom selben Autor, Silberschnur Verlag. Dort wird auf die lange Reise des Meisters Jesus nach Indien und in den Himalaya eingegangen.

Lage, eine unvorstellbar kraftvolle, reinigende und verbindende Welle auszulösen.

Idealerweise sollten wir uns völlig in den Ozean des Friedens versenken, der aus dieser Schwingung nach und nach hervorströmte. Doch auch mit dieser Übung durften wir keinen Missbrauch treiben. Darauf wurden wir ausdrücklich hingewiesen. Wir sollten behutsam vorgehen. Frei von persönlichem Ehrgeiz, ohne etwas erzwingen zu wollen, sollten wir unsere innere Verwandtschaft mit der 'höchsten Wirklichkeit' pflegen - dessen stetiger Vermittler das sechste Chakra ist.

7. Phase

Die Reinigung des siebten Chakras

Nun sind wir also am Gipfel des menschlichen Körpers angelangt - zumindest in traditioneller Betrachtungsweise.

Der Gipfel des Körpers ist aber nicht zugleich auch der höchste Punkt seines Wesens, wie der Meister uns gleich zu Beginn der siebten Phase seiner Lehre erklärte.

An jedem Tage hatte sich unser kleiner Kreis von Männern und Frauen am Gipfel des Berges Tabor um ihn versammelt. In der Ortswahl kam die Absicht des Meisters wiederum klar zum Ausdruck.

Ich dachte erst, wir würden diesen Berg immer wieder besteigen, weil er in der ganzen Gegend der höchste war - und bestimmt war das einer der Gründe, warum der Meister ihn ausgewählt hatte, aber nicht der einzige. Jeshua nannte uns den Grund gleich am ersten Abend unserer Ankunft am Gipfel. Er erzählte, er habe uns zunächst noch weiter nach Norden führen wollen, zu den beschneiten Gipfeln des Har Hermon.[21] Dann hatte Er seine Meinung jedoch geändert, weil es zu weit weg war und sich für den Berg Tabor entschieden - und zwar nicht nur wegen seiner Lage, sondern aufgrund seiner symbolträchtigen Form. Er machte uns darauf aufmerksam, dass dieser kleine Berg aussah wie ein Halbkreis, also ein wenig wie eine Schädeldecke. Zugleich wies Er uns darauf hin, wie flach der obere Teil des Berges Tabor ist. Wie er so mitten in der Ebene daliegt, wirkt er wie ein dem Himmel dargebotener Altar.

Er erinnerte uns daran, dass die Kanaanäer[22] auf dieser Fläche einst große Feuer entzündeten. Diese Feuer trugen zur Heiligkeit des Naturaltars bei. Sie gemahnten daran, dass er nach alter Überlieferung von der Sintflut ausgenommen war.

Insofern mussten wir ihn als 'großen Zufluchtsort', betrachten, genau wie den Kronenpunkt, wo ungeachtet aller Wechselfälle des Lebens, denen unsere inkarnierte Persönlichkeit ausgesetzt ist, das Feuer des siebten Chakras lodert.

---

21) Heute heißt der Berg Hermon. Das bedeutet 'Berg des Weisen' oder 'des Meisters'. Er erhebt sich bis zu 2800 Metern Höhe im Anti-Libanon.

22) Kanaanäer: Name des Volkes, das mit Einzug der ersten Israeliten unter der Führung Josuas Palästina und den heutigen Libanon bewohnte.

Ferner erinnere ich mich an ein letztes Detail, auf das Jeshua unsere Aufmerksamkeit lenkte: Der Berg Tabor war nicht allzu weit entfernt vom See Genezareth und damit auch vom Berg der Seligpreisungen, also von jenem Ort, an dem Er seine Lehre über die Chakren begonnen hatte. Auf diese Weise führte Er uns die Nähe des Kronenchakras zum Wurzelchakra vor Augen und wir begriffen wiederum, wie eng der Hauptaltar eines großen Tempels doch mit seinem Vorplatz verbunden ist.

Aus heutiger Sicht lässt sich diesen symbolträchtigen Hinweisen noch etwas Bedeutsames hinzufügen. Der Berg Tabor gilt im Christentum traditionell als Ort der Verklärung Christi. Mit anderen Worten, hier erschien Er den Jüngern in seiner höchsten Form als Lichtgestalt. In den Texten, welche von diesem mystischen Ereignis berichten, tritt Er in Begleitung von Mose und Elija auf. Moses steht für Göttliche Gerechtigkeit und das Gesetz Gottes, Elija indes für die gemeinsame Botschaft messianischer Barmherzigkeit aller Propheten.

Zweitausend Jahre später neige ich persönlich dazu, Moses hier mit *Geburah* - Gerechtigkeit - und Elija mit *Hochma* - barmherziger Liebe - in Zusammenhang zu sehen, den beiden Sephiroth, welche der Meister mit dem Halschakra - *Vishudda* - in Verbindung brachte, aus dem das Wort hervorgeht. Darüber lohnt es sich gewiss einmal nachzudenken - auf die Gefahr hin, über die traditionelle Auffassung des kabbalistischen Lebensbaumes als Verständnismodell des menschlichen Körpers und Bewusstseinsweges seines Geistes hinauszugehen.

Schauen wir uns die aus Christus, Moses und Elija während der Verklärung gebildete 'Trinität' einmal genauer an. Es ergibt sich ein Dreieck, das jenem entspricht, welches aus dem Kronenpunkt - *Kether* - und den beiden Nebenchakren *Geburah* und *Hochma* entsteht[23]. In seiner Mitte stehen in Form des einen Auges - *Ajna* - auf ganz natürliche Weise die beiden Hypophsenlappen: Binah und Hochmah.

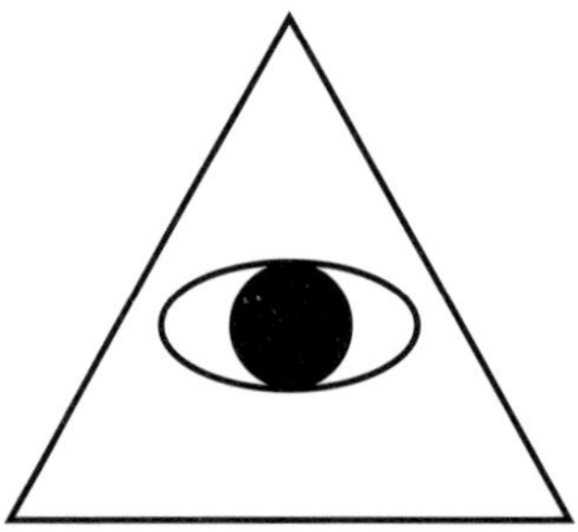

Daher kommt gewiss auch das uralte Symbol des gleichseitigen Dreiecks mit weit geöffnetem Auge in der Mitte, das sich bis tief in den Himalaya findet.

Um auf Jeshuas Lehre zum Kronenchakra - auf Sanskrit *Sahasrara* - zurückzukommen, möchte ich noch hinzufügen, dass auch eine Parallele gezogen wurde, zwischen dem Berge Tabor, wo wir die Nacht verbringen würden und dem Ägyptischen Symbol des Skarabäus. Dabei ging es um die Schädeldecke als Ort der Entfaltung des erwachten Bewusstseins. So verglich der Meister den kleinen Flecken

23) Vgl. die Ausführungen zur fünften Phase dieser Übung.

auf der Ebene, wo nun wir ein Feuer entfacht hatten, mit der Fontanelle[24].

Diese am Scheitelpunkt des menschlichen Kopfes befindliche Membran ermöglicht bei Säuglingen das Wachstum des Gehirns. Genau dieser Bereich wird vom siebten Chakra durchstrahlt. Da wir damals von Anatomie wenig wussten, könnte man sich über dieses Detail wundern - dass kleine Kinder eine Fontanelle haben, war uns jedoch bekannt. Es war in unserer Tradition eine vertraute Vorstellung, die Seele würde durch diesen Punkt in den Körper eindringen, um zu inkarnieren. Die Essener sagten, wenn die Seele durch diesen Punkt in den Körper kommt, muss sie ihn auch auf diesem Wege wieder verlassen, man solle also sein ganzes Leben darauf verwenden, diese Türe wieder zu öffnen, auch wenn es so aussieht, als habe sie sich für immer geschlossen.

Dieses Wissen knüpft ganz offenkundig an alle großen Einweihungstraditionen an, die sich mit der Entfaltung des tausendblättrigen Lotus befassen.

Christus ging jedoch in seiner Lehre noch weiter und brachte uns Folgendes bei: Wenn die Seele in den Körper, den sie zu bewohnen gedenkt, eindringt, so gleitet sie eine feine Lichtröhre hinab, die dem Herzstück - oder Fruchtknoten - dieser Lotusblume entspricht. Die Blütenblätter sind zu diesem Zeitpunkt noch verschlossen.

Seinen Worten zufolge ist jene Röhre mit einem Brunnen vergleichbar, der in die Tiefen des Menschen hineinführt, bis hinab zu seinem Wurzelchakra.

---

24) Genauer gesagt mit der großen Fontanelle.

Der Abstieg erfolgt durch einen feinstofflichen Kanal, der *Sushumna* heißt. Er dient den beiden großen Nadis *Ida* und *Pingala* als Mittelachse.

Der Meister fügte noch Folgendes hinzu: Wenn sich das siebte Chakra nach unzähligen Leben schließlich entfaltet, wird auch dieser Brunnen breiter. Er verwandelt sich dann in eine Lichtfontäne. Erst jetzt kann die Energie, von der er erfüllt ist, ungehindert ihre Rolle spielen. Sie dringt nun bis ins Innerste des Wurzelchakras vor und verbindet sich dort mit der Kundalini-Kraft. Daraufhin steigt sie wieder auf, verbindet sich mit *Ida* und *Pingala,* um ein Feuer mit drei Flammen zu entfachen. Dieses dreifältige Feuer ist entlang der Wirbelsäule frei beweglich. Es kann die Schwellen aller Chakren überschreiten und 'erblüht' schließlich genau am Scheitelpunkt zur Lichtfontäne. Dies ist das Zeichen der Erleuchtung des Menschen.

Wenn man nur ein wenig darüber nachdenkt, so ist es doch erstaunlich, dass ein bestimmter Punkt an der höchsten Stelle des Schädels ausgerechnet 'Fontanelle' heißt.[25] Sie trägt ihren Namen zurecht, denn es handelt sich ja wirklich um eine Wieder-geburt ...

Der Meister hatte uns also wieder einmal feinstoffliche Vorgänge des menschlichen Körpers und der belebenden göttlichen Flamme vermittelt, um uns zu verdeutlichen, dass 'Oben' und 'Unten' einander brauchen. Sie müssen

---

25) Auf Französisch heißt 'fonaine nouvelle' 'neuer Springbrunnen'. (Anm. der Übersetzerin)

sich vereinigen, um 'etwas zu bedeuten' und zum vollendeten Ausdruck zu kommen. Nur so können sie Göttliches vermitteln - weil sie ein Teil davon sind.

Kommen wir nun zur praktischen Ausführung der Reinigung des siebten Chakras nach der Lehre Christi:

a) Wir legen die Hände auf die Knie mit den Handflächen nach oben. Dabei geben wir uns jedoch keiner passiven Ruhe und Erwartung hin, sondern nehmen innerlich eine 'einladende Haltung' ein.

b) Nun versuchen wir, circa 50 cm über unserem Kopf eine schöne, weiße Sonne wahrzunehmen. In aller Ruhe, ganz sanft, lässt diese Sonne Goldtröpfchen auf den Kronenpunkt unseres Kopfes herabregnen, einen nach dem anderen - insgesamt sieben. Wir spüren - ohne es zu erzwingen - die Berührung dieser Tropfen mit unserem siebten Chakra.

c) Danach atmen wir ein paar Mal tief ein und aus, ganz nach unserem eigenen Rhythmus.

d) Dann lassen wir noch einmal die sieben wohltuenden Goldtropfen auf uns herabregnen und spüren die Berührung mit unserem siebten Chakra.

e) Dann geben wir uns wiederum ganz der tiefen Ein- und Ausatmung hin, wie zuvor.

f) Nun laden wir die weiße Sonne über unserem Kopf zum dritten und letzten Mal ein, sieben weitere Goldtropfen herabfließen zu lassen. Dabei empfinden wir besonders intensiv ihren Kontakt mit unserem Kronenchakra.

g) Nun müssen wir einen Moment innehalten – wir sind ganz still. Wenn die Stille ihre Wirkung auf uns hinreichend entfaltet hat, lassen wir tief aus der Kehle ein langes, tiefes Brummen erklingen. Wem es lieber ist, der kann auch den traditionellen Ton AUM summen.

Um Sinn und Zweck der einzelnen Phasen genauer verständlich zu machen, möchte ich sie, wie gewohnt, sogleich noch einmal mit euch durchgehen.

a) Unsere Hände ruhen mit den Handflächen nach oben auf den Knien.

Wie in der Übungsbeschreibung bereits erwähnt, ist dies – entgegen dem Anschein – keineswegs eine passive Haltung. Darauf möchte ich noch einmal eindringlich hinweisen, denn es war auch Jeshua äußerst wichtig. In seiner Lehre waren die nach oben gerichteten Handflächen weitaus mehr als ein Symbol von Empfängnisbereitschaft. Sie waren Ausdruck einer Geisteshaltung – einer Einladung im besten und nobelsten Sinne. Dabei galt es zu verstehen, dass jemand, der einlädt – also empfängt, gewiss keine Erwartungshaltung hat. Dazu wurde uns Folgendes gesagt:

"Wenn ihr zum Essen einen Gast geladen habt, werdet ihr alles tun, um ihm Ehre zu erweisen. Dazu gehört auch, in eurem Hause bestimmte Arbeiten zu verrichten, damit die Einladung gelingt.

Nun, meine Freunde, ihr werdet wohl verstehen, dass ihr 'die Wohnung geputzt' und 'den Tisch gedeckt' haben müsst, wenn ihr den Wunsch hegt, die Himmlischen Mächte bei euch zu empfangen - ganz gleich, welchen Namen ihr ihnen gebt.

'Die Wohnung putzen' heißt freilich nicht, dass ihr eure sechs ersten Chakren schon vollständig gereinigt haben müsst. Sonst würdet ihr die Einladung, welche doch vor allem tiefe Freude bereiten soll, nur immer weiter aufschieben. Erforderlich ist allerdings, das 'Tischdecken' wahrhaft formvollendet zu tun: Mit allem Respekt das weiße Tischtuch auszubreiten, Schalen und Schälchen aufzustellen und eine Öllampe zu entzünden.

Mit anderen Worten, ihr sollt dem göttlichen Geist das Beste von euch geben. Das Höchste in eurem Wesen muss zu einer Schale werden, die sich Ihm hingibt - und um das zu können, müsst ihr den wahren Sinn des Loslassens entdecken sowie die tiefe Beredsamkeit absoluten Schweigens.

Ich sage euch, entkrampft euren Körper und öffnet sanft euer Herz, überwindet alle geistige Unrast und besiegt den Sturm der Gefühle. Das sind die Gaben, die ihr eurem Himmlischen Vater reichen sollt.

Ihr werdet allerdings bald merken, dass erstaunlicherweise nichts den Kelch füllen kann, den ihr Ihm reicht. Im Gegenteil - all das macht ihn nur leerer! Eure Aufgabe als Gastgeber besteht also darin, die Leere zu erschaffen - eine von Glück getragene Leere!

Wenn eure mit den Handflächen nach oben liegenden Hände nun Schälchen gleichen - also zeigen, welcher Art eure Einladung ist - so wird euer Scheitelpunkt zwangsläufig zu einer Schale - entleert von allem, was ihr nicht seid ... erfüllt von jener heiligen Leere, durch die Alles geschehen wird und muss.

Ihr werdet alsbald spüren, das euer Scheitelpunkt sich krümmt und energetisch gleichsam umstülpt, wie eine Schale - und zwar in dem Maße, wie ihr begreift, dass die Werte unserer Welt meist gerade umgekehrt sind, gemessen an dem, was ihr erlebt, wenn ihr euren Vater wahrhaft empfangt."

b) Eine schöne weiße Sonne schwebt über uns. Langsam lösen sich sieben Goldtröpfchen von ihr und tröpfeln auf unser Haupt.

Mit der Anwesenheit einer makellos reinen Sonne etwa fünfzig Zentimeter über unserem Kopf, brachte der Meister uns dazu, Bewusstsein für das achte Chakra zu entwickeln. Es konnte uns dabei helfen, die Reinigung des Kronenchakras anzustoßen.

Dieses Vorgehen mag überraschen. Das Kronenchakra wird ja häufig für die höchstmögliche Entwicklungsstufe gehalten, außerdem ist die Ansicht weit verbreitet, das achte Chakra könne erst in Erscheinung treten, wenn das ihm vorausgehende siebte voll entfaltet ist. Diese Auffassung rückte Jeshua in ein völlig neues Licht.

Zunächst einmal lehrte Er uns, dass die volle Entfaltung des Energiezentrums *Kether* durchaus ein entscheidender Schritt zur Erleuchtung ist, weil sie uns vom Kreislauf der Wiedergeburten befreit. Allerdings ist dieses Aufblühen keineswegs das Ende der seelischen Entwicklung. Jenseits des siebten Chakras beginnt eine andere Bewusstseinsreise – die niemals endet.

Der Meister ließ sich ausführlich darüber aus, dass die unvollständige Entwicklung des siebten Chakras, das Erscheinen des achten keineswegs verhindert. Dabei wurde uns allmählich klar, dass das achte Chakra nicht plötzlich aus dem Nichts oder der Unendlichkeit hervorgeht, sobald sich das höhere Bewusstsein zu entfalten beginnt. Es ist in jedem Menschen keimhaft vorhanden, verbleibt aber im Embryonalzustand, solange wir das uns innewohnende Licht nicht zum Ausdruck bringen können. Dieser Embryo wächst also, auch wenn das Kronenchakra noch lange nicht voll entfaltet ist. Er wächst jedoch, gemessen an unserer Zeitwahrnehmung, sehr langsam, sagte Jeshua. Das leuchtete uns ein. Dennoch ist es möglich, den Keim des achten Chakras über die Visualiserung einer weißen Sonne, die über uns schwebt, um Hilfe zu bitten. Dafür war er bereits präsent genug.

Die Übung wirkt dem Meister zufolge sowohl auf das siebte als auch achte Chakra. Es ist durchaus stimmig, eine Bewusstseinsebene anzusprechen, die noch im Entstehen begriffen ist, mit der Bitte um Beistand bei der Reinigung des Kronenchakras, welches ja so wichtig ist.

Wir entnahmen den Erklärungen des Meisters auch, dass die Goldtröpfchen, die wir zu spüren lernten, während sie auf unser Haupt fielen, einer feinstofflichen Wirklichkeit angehören.

Die aufkeimende Sphäre des achten Chakras lässt nämlich unablässig Licht 'herabperlen'. Zu Strahlen werden diese 'Sonnenperlen' erst, wenn sie ein sehr hohes Ausdrucksniveau erreicht haben.[26] Die Zahl sieben bedeutet im Zusammenhang mit den Goldtröpfchen, dass wir unser Wesen dazu aufrufen, eine Türe zu durchschreiten, also von einem Bezugssystem zum nächsten überzugehen. Die Energie, welche diesen Übergang charakterisiert, ist typischerweise die des heiligen Geistes - oder die von Shiva, des großen Verwandlers. Modern ausgedrückt könnte man auch sagen, es ist wie ein umfassendes Recycling.

Der Rabbi Jeshua meinte, wir sollten wahrnehmen, wie die einzelnen Tropfen jeweils genau auf dieselbe Stelle unseres Kopfes fallen, bis wir sie geradezu physisch spüren.

Die feinstoffliche Wirklichkeit setzt sich in unserem Körper - unserer Haut und unseren Knochen nur fort. Sie sind ihre verdichteten Manifestationen, also keineswegs von ihr abgeschnitten. Daher können auch körperliche Empfindungen geistiges Wachstum befördern.

---

26) Wenn diese Sphäre zur Reife gelangt ist, leuchten vier große Strahlen aus ihr hervor. Dadurch erinnert sie an eine Taube, Symbol des heiligen Geistes. Man kann auch eine umgekehrte Lilie darin sehen.

c) Wir atmen ein paar Mal tief ein und aus.

Gibt es über die Pause noch etwas zu sagen, das nicht bereits erwähnt wurde? Nun, sie dient dazu, die Wirkung der sieben Goldtröpfchen und ihrer 'reinigenden Taufe' zu verinnerlichen. Das Wort Taufe erscheint mir in diesem Stadium unserer Arbeit angemessen. Es ist höchst bedeutsam, denn durch die Reinigung des siebten Chakras ermöglichen wir eine Erneuerung. Wir wünschen uns ja eine neue geistige Kommunion. In diesem Sinne verweisen die Goldtröpfchen aus der Sphäre unseres aufkeimenden höheren Bewusstseins darauf, dass wir an die Türe klopfen, die wir durchschreiten wollen.

Wenn wir diese Türe erst einmal entdeckt und durchschritten haben, verwandelt sich unser Scheitelpunkt energetisch in eine Schale. Sie hat die Rolle einer Taufschale. Um das in unserem Inneren harmonisch nachklingen zu lassen, legte der Meister uns nahe, eine Pause zu machen.

d) e) f) Wir wiederholen die vorausgehenden Übungsphasen der siebten Übung zwei Mal, also die Wahrnehmung der weißen Sonne, das Herabregnen der sieben Goldtröpfchen und schließlich die Atempause.

Indem wir das Herabregnen der Tropfen aus goldenem Licht zweimal wiederholen, kommen wir insgesamt auf einundzwanzig. Als wir uns fragten, was diese Zahl zu bedeuten hatte, erklärte uns der Rabbi Jeshua, dass diese Zahl bei den Ägyptern für die Welt stand, 'wie wir sie für gewöhnlich sehen' - mit ihrem ganzen Wirbel und illusionären Charakter. Er fügte hinzu, dass der einundzwanzigste Tropfen, den unser Kronenchakra empfängt, das Siegel der Transformation hervorruft - im Sinne einer Synthese all dessen, was das sichtbare Universum uns zu geben hat.

Die Welt, welche wir sinnlich wahrnehmen und intellektuell durchdringen, entspricht im Grunde *'dem Tanz des Shiva'*, wie man im Orient sagt. Das lehrte uns der Meister. Dieser Tanz hat es letztlich darauf angelegt, uns trunken zu machen. Es soll uns schwindelig werden, damit wir endlich den festen Willen entwickeln aus dem 'Feuerwerk der Erscheinungen' auszubrechen.

Wer über den 'Tanz des Shiva' hinausgeht, trifft auf Shiva selbst - oder wenn man so will: den Punkt, an dem wir uns verwandeln. Dieser Willensakt tut weh. Er beinhaltet den endgültigen Bruch mit überkommenen Vorstellungen, die uns an das Rad der Reinkarnation ketten ... Zugleich ist diese Entscheidung unendlich befreiend. Sie ist das Schönste, wozu sich eine Lebensform entschließen kann.

"Die Kraft der Einundzwanzig zu uns zu rufen, öffnet uns endlich die Augen ..."

Wenn wir unser siebtes Chakra einundzwanzig Mal mit einem 'verwandelnden Wasser' in Berührung bringen, so hat das wirklich die Kraft einer Erweckung.

g) Wir verweilen einen Augenblick in der Stille und formen dann im hinteren Teil unserer Kehle einen tiefen Ton, oder auch das traditionelle AUM.

Das Entscheidende in der letzten Übungsphase ist es, den Ton richtig zu treffen. Auf dem Gipfel des Berges Tabor übten wir ihn immer wieder unter Anleitung und Rat des Meisters. Zu Beginn sangen wir es freilich alle völlig verschieden. Das hing nicht nur mit unseren unterschiedlich gebauten Kehlen und Brustkörben zusammen - sondern auch mit unserer unterschiedlichen Sensibilität. Der Rabbi wies uns darauf hin, sagte aber ausdrücklich, wir sollten nicht etwa versuchen, unseren eigenen Ton einem anderen anzupassen. Selbst wenn das Ergebnis insgesamt nicht restlos harmonisch erschien, war es doch hinreichend stimmig.

Nachdem wir etwa eine halbe Stunde geübt hatten, fiel mir indes auf, dass sich ein Gleichklang eingestellt hatte. Ohne es zu merken, hatten wir uns einander angeglichen und brachten nun eine Schwingung hervor, die fürs Ohr höchst angenehm war. Als einer von uns den Meister darauf hinwies, gab Er zur Antwort, es käme nicht so sehr auf einen angenehmen Klang an, sondern vielmehr auf die Schwingung, in die wir eingetreten waren. Sie hatte 'ihren Friedenspunkt' erreicht - fernab aller ästhetischer Überlegungen. Wörtlich sagte Er: *"Was dem Ohr schmeichelt, entsteht ganz spontan - wenn es stimmig ist."*

Es ging bei der Übung vor allem darum, diesen 'Friedenspunkt' zu finden - ganz gleich, ob wir sie in der Gruppe ausführten oder alleine. Aus Sicht des Meisters konnte ein solch stabiler Punkt nur in der Region des Nabels entstehen.

Rachen und Stimmbänder waren also lediglich die 'Ausgangspforte' des Tones. Der Resonanzkasten war unser gesamter Körper. Entsprechend entsprang der Ton aus der echten Zentrierung unseres Wesens. Umgekehrt durch den Hauch des Tones endlich fähig, der Ruhe, die nun eingekehrt war, Ausdruck zu verleihen. Man könnte sagen, es war so etwas wie ein 'heiliger Seufzer' - der durchaus den Klang des orientalischen AUM annehmen kann. Allerdings ist jeglicher Leistungsanspruch hier völlig fehl am Platze. Er würde uns nur wieder zum berühmt-berüchtigten *Tanz des Shiva* zurückführen.

8. Phase

Die Reinigung des achten Chakras

Die Reinigungsübung zum achten Chakra vermittelte uns der Meister ebenfalls auf dem Berge Tabor, gleich nach der Lehre zum siebten und zwar mitten in der Nacht. Genau gesagt waren wir bereits tief eingeschlafen, als Er uns durch Händeklatschen weckte.

"Man steht nie früher auf als die Sonne!", meinte Er scherzhaft, während wir uns murrend reckten. *"Man wird niemals vor ihr aufstehen ... und zwar einfach, weil sie nie schlafen geht!*

Entsprechend kennt auch der Geist, der in uns lebt, keinen Schlaf. Das sollt ihr wissen. Sein Strahlen ist im Zenit unseres Bewusstseins stets aktiv und immer spürbar. Selbst wenn ihr glaubt, den Gipfel eurer Seele erreicht zu haben, greift er ein, um euch von diesem Punkt zu verscheuchen und dazu zu bringen, noch höher zu steigen. Genau das lehrt euch euer achtes Feuerrad, das wie eine halb silberne, halb goldene, lodernde Scheibe genau über eurem Kopfe schwebt.

Diese Scheibe ist weiß, wie eine Lilie mit goldenem Fruchtknoten. Die Meister vergangener Tage haben ihr den Namen Tekla gegeben.

Sein Altar gehört zum Tempel, der in euch entsteht. In der Morgenröte der nächsten Epoche eurer Menschheit wird er beginnen, sich zu erheben."

Ich weiß noch, dass einer sagte, er verstünde nicht, wieso wir uns mit dieser Energie überhaupt beschäftigen und sie reinigen sollten, wenn sie noch nicht einmal richtig entfaltet sei ... und wir dafür sogar mitten in der Nacht aufstehen mussten ... Diesen Einwand fanden einige aus der kleinen Gruppe schockierend respektlos.

"Ganz im Gegenteil", ... fuhr der Rabbi Jeshua im selben, heiteren Tonfall fort. "In dieser Frage erweist sich gerade der Mut, den wir brauchen, um die Grenzen dessen, was unser Fortkommen behindert, immer weiter zu verschieben ... Wenn euer Bruder diesen Mut aufbringt, liegt das daran, dass er in Wahrheit gar nicht schlafen will ... Und zwar hat er nicht die Absicht zu schlafen, weil er die Wirkung der Sonne spürt, die ich meine."

Da wir alle etwas durchgefroren waren, schürte der Meister das Feuer, das wir den ganzen Abend über unterhalten hatten, wieder an und begann mit seiner Lehre über die Wirklichkeit des achten Chakras.

Zunächst einmal brachte Er uns bei, dass die "Welt des *Tekla*" zwar nicht durch unseren physischen Leib verläuft, sich aber auf ihn auswirkt. Er situierte das Strahlen Teklas in der Region, die wir heute Mentalkörper nennen. Es hat wirklich Ähnlichkeit mit einer Sonne und schwebt etwa 50 bis 90 cm über unseren Köpfen ... zumindest wenn er sich nicht mehr im Embryonalzustand befindet.

Das achte Chakra lässt dem Meister zufolge den keimhaften Zustand in unserer Mentalaura hinter sich. Es wächst recht schnell, allerdings in Abhängigkeit von unserem Reflexionsniveau und Verständnis Dessen, was *ist*.

Allerdings meinte Jeshua damit keineswegs unsere intellektuellen Fähigkeiten. Der analytische Verstand hatte aus seiner Sicht nichts mit dem Erblühen dieses Chakras zu tun. Für die wahre Weisheit des Wesens hat er nur eine Stützfunktion - und bremst sie sogar oft genug aus. *Tekla* erscheint also wirklich nur, wenn das inkarnierte Bewusstsein, vom reinen Intellekt befreit, in den Zustand des 'höheren Verständnisses' übertritt. Heute sprechen wir eher von 'höherem Bewusstsein' oder 'Nous', um den Begriff der gnostischen Tradition aufzunehmen.[27]

Die Lehre, welche einigen von uns in jener Nacht auf dem Bergesgipfel zuteilwurde, macht deutlich, dass das achte Chakra nicht erst zutage tritt, wenn das siebte voll entfaltet ist. Das ist die Antwort auf jene etwas freche Frage. Sie ist sehr wichtig.

---

27) Vgl. "Maria Magdalena - das wahre Evangelium", vom selben Autor, Silberschnur Verlag.

Im Grunde ist das klar. Kein Chakra muss warten, bis das ihm vorausgehende völlig erblüht ist, um sich entwickeln zu können. Das gilt zumindest bis zu einem bestimmten Punkt, auch wenn es vermeintlich unlogisch ist. Alle Funktionen unseres Wesens verfügen über eine gewisse Autonomie, selbst wenn sie bei bestimmten Aktionen oder in bestimmten Momenten ihrer Entwicklung von anderen abhängig sind.

So suchte Jeshua uns immer wieder verständlich zu machen, dass das Auftreten der Fähigkeiten, die zum achten Chakra gehören, keineswegs voraussetzt, dass wir auf anderen Ausdrucksebenen schon zur Meisterschaft gelangt sind.

Wachstum und spezifische Manifestationen des höheren Bewusstseins werden also nicht etwa dadurch blockiert, dass unsere Seele den Reinkarnationszyklus noch nicht überwunden hat.

Der Rabbi brachte uns bei, dass es keineswegs unsinnig ist, sich mit *Tekla* zu beschäftigen. Es kann die gesunde Entwicklung der ihm auf körperlicher Ebene vorausgehenden Zentren sogar beschleunigen.

An das Leben so heranzugehen, wie es der Weisheitsstufe des achten Chakras entspricht, bedeutete in unseren Augen hinter die Kulissen unserer Existenz zu blicken und sie 'von oben' zu betrachten - auf liebevolle Weise. Das ist besonders wichtig.

In dieser Nacht machte Jeshua uns deutlich, dass es nicht genügt, an einem Punkt unserer Entwicklung das Leben aus einem bestimmten Blickwinkel zu sehen. Es muss auch von Liebe begleitet sein.

Die Rolle des achten Chakras besteht gerade darin, sagte Er, im eigenen Strahlen liebende Goldtröpfchen zu verströmen und sie nach und nach alle Ebenen unserer Weisheit durchdringen zu lassen.

"Unsere Welt ist voller Menschen, die glauben, zu verstehen ... und den Sinn des Lebens auch ganz vernünftig auffassen - denen das Phänomen WAHRHAFTIGEN VERSTEHENS aber völlig fremd ist. Sie sind nicht imstande, den Zustand WAHREN WISSENS innerlich zu spüren. Teklas Aufgabe ist es, ihn zum Ausdruck zu bringen. Darum muss ihre aufkeimende Anwesenheit in euch lebendig gehalten und gepflegt werden."

Genau in diesem Moment nahm die Lehre eine etwas andere Wendung.

Zum ersten Mal sprach Er nicht mehr ausdrücklich von 'reinigen', sondern von 'pflegen'. Das war nicht nur ein Detail - und es entging uns nicht. Schon bald sollten wir den Grund dafür erfahren.

Die höhere Erkenntnis, zu welcher das achte Chakra uns Zugang verschafft, liegt nämlich sehr nahe am Göttlichen, also außerhalb der rein 'mechanischen' Seite unserer materiellen Welt. Sie steht mit keinem einzigen Organ in direkter Verbindung ... auch nicht - wie ich es heute formulieren würde - dem Hormonsystem. Sie gehört vielmehr in eine ganz andere Dimension unseres Seins, zu der wir ganz bewusst wieder zurückkehren sollen. Dennoch wäre es falsch, anzunehmen, dieses Chakra sei den anderen 'überlegen'. Damit würden wir nur wieder in die alte Falle der Dualität tappen. Sie verführt uns ja ständig dazu, das Materielle gegenüber dem Feinstofflichen abzuwerten. So lichtvoll das achte Chakra auch ist, es bedarf doch der materiellen Schwere, um sich zu offenbaren und weiterzuentwickeln.

Sein Wachstum ist das Ergebnis einer Seelenarbeit, die mehrere Leben umfasst und in innigem Kontakt mit den ersten sieben Chakren geleistet wird. Diese aber sind mit der körperlichen Wirklichkeit eng verbunden. Alles hängt mit allem zusammen.

Das achte Chakra ist vor den Verschmutzungen, denen unsere anderen feinstofflichen Zentren immer wieder ausgesetzt sind, geschützt, weil es außerhalb des 'körperlichen Bereichs' liegt. *Tekla* steht mit keiner Nadibahn in Verbindung und ist daher auch nicht von den energetischen Schlacken betroffen, welche bestimmte Gedankenformen und Emotionen auslösen.

Obwohl es sich auf mentaler Ebene ausdrückt, ist es deren grundlegenden Mechanismen nicht unterworfen. Seine Rolle besteht ja gerade darin, diese zu verwandeln und zu verfeinern. Indem es sich selbst weiterentwickelt, übernimmt es in diesem Bereich zunehmend die Führung. Man kann es sich vorstellen wie eine Sonne, deren Mission darin besteht, in einem bestimmten Entwicklungsmoment wie ein trojanisches Pferd in unseren Mentalkörper einzudringen - natürlich im besten, lichtvollsten Sinne.

Wenden wir uns nun der praktischen Seite zu. Wie können wir unser aufblühendes achtes Chakra reinigen - oder besser gesagt instandhalten und pflegen?

a) Mit Frieden im Herzen und leerem Geist legen wir unsere Hände mit den Handflächen nach oben auf die Knie. Nun verharren wir eine ganze Weile in Schweigen. Wir konzentrieren uns auf die Stille und dringen so tief wie möglich in sie ein, um den sogenannten 'Gesang des Prana' darin wahrzunehmen. Er zeigt sich als eine Art lang gezogenes Pfeifen im Inneren des Kopfes.

b) Der nächste Schritt besteht darin, zu versuchen, uns von außen und oben zu sehen, als hingen wir in der Luft - und zwar innerhalb des achten Chakras. Unser Bewusstsein schwebt also gleichsam wie ein Duschkopf über uns und blickt auf unsere Schädeldecke herab.

c) Sobald dieses Bild in unserem Inneren entstanden ist und sich stabilisiert hat, sobald wir uns also wirklich 'von oben' sehen können, beginnen wir - aus dem Zentrum unseres Bewusstseins - Goldtröpfchen auf unser Haupt regnen zu lassen. Wir zählen diese Tröpfchen nicht, ihre Anzahl spielt keine Rolle. Allerdings sollte man den Zustand des herausgetretenen Bewusstseins nicht länger als zwei oder drei Minuten aufrechterhalten.

d) Nun lassen wir unser Bewusstsein wieder in den Körper herabsteigen, möglichst in den Bereich unseres Herzens und verschränken die Arme vor der Brust, wobei der linke wieder auf dem rechten liegen soll. Wir verweilen lange in der Stille - und genießen die Wohltat der Lichtdusche, die wir uns gegönnt haben ...

Gehen wir wie gewohnt die einzelnen Phasen noch einmal durch.

a) Mit den Händen auf den Knien - die Handflächen zeigen nach oben - sitzen wir ganz still da. Wir konzentrieren uns auf die Stille und versuchen darin das Pfeifen des Prana wahrzunehmen.

Diese erste Phase der Übung ist so einfach, dass sie fast unbedeutend anmutet. Sie lässt den Meditierenden bei seiner Atmung und der Dauer seines Erlebens völlig frei. Diese Freiheit ist in Wahrheit das erste Anzeichen des Zustandes der Transzendenz, in den wir uns versetzen.

Die geistige und emotionale Leere, die wir anstreben, ist das genaue Gegenteil eines 'Standbildes' oder der Abwesenheit von Leben. Sie entspricht eher einem Einstieg ins Leben in seiner originären Form. Dieser ursprüngliche Sinn ist Ausdruck einer höchst erfüllten, grundlegenden Bewegung, der das rastlose Treiben menschlicher Existenz völlig fremd ist. Man kann existieren ... oder leben.

"Gemüse existiert", lehrte uns der Meister, "aber es lebt nicht, zumindest nicht in dem Sinne, wie wir hoffen dürfen zu leben und dem Leben Ausdruck zu verleihen.

Oder, wenn euch das besser gefällt, es lebt ohne individuelles Sein, also ohne Bewusstsein seiner selbst. Es besitzt nur ein ganz allgemeines, globales Bewusstsein 'im Ozean der Phänomene'. Ich sage euch, viele Menschen sind diesem Niveau noch nahe. Im Grunde wisst ihr, dass niemand da-

rüber hinauswachsen kann, ohne die Fähigkeit entwickelt zu haben, sich seiner eigenen Mitte zuzuwenden, dorthin, wo die Quelle des Lebens spricht - an den Ort, wo es kein Geschwätz mehr gibt, wo das Lebendige schafft und jegliche sinnlose Umtriebigkeit gestillt ist."

In die Dimension des achten Chakras aufzusteigen bedeutete für den Rabbi Jeshua, die uns allen innewohnende Stille zu kultivieren. Das spürbare Anbranden dieser Stille ist eine entscheidende Etappe unsers Aufstiegswegs.

Die Stille, welche Er meinte, war natürlich nicht nur eine Abwesenheit von Lärm, wie sie etwa an einem ruhigen Ort zu finden ist. Der Meister hatte vor allem jene spürbare, höchst lebendige Stille im Sinn, die nur im Zustand der Leere zugänglich ist - und sei es nur für einen kurzen Augenblick.

Dabei öffnet sich in der Seele ein Raum, der uns einen Vorgeschmack von Dauer und Ewigkeit verschafft. Erst die Abwesenheit jeglichen Denkens verschafft uns Zugang dazu. Dieser Raum kann sich zwischen zwei Sekunden unserer Zeit ungeheuer in die Länge ziehen. Doch wie ist eine solche Ausdehnung möglich? Durch restloses Vertrauen in den uns innewohnenden Geist ... - unsere Essenz.

Wenn unser höheres Bewusstsein uns die Hand reichen soll, wenn wir mit unserem wahren Wesen in Berührung kommen wollen, so ist es von entscheidender Bedeutung, sich die Zeit zu nehmen, dem Klang des Prana zu lauschen.

Der Gesang des Prana erfüllt und belebt die Stille, die Christus so schätzte. Was sich uns davon mitteilt, ist die Spur der Göttlichen Seele in uns.

Sobald man sich ihr wirklich hingibt - also nicht mehr nur Zuhörer ist ... oder zuschaut, was sich im eigenen Inneren abspielt, wird einem bald klar, dass man in sie *eindringen* kann. Dann wird erlebbar, dass sie nicht nur eine monotone Schwingung, sondern ein harmonisches Klanggebilde ist, in dem jede Note ihre ganz eigene Bedeutung hat.

Es muss wohl nicht eigens erwähnt werden, dass der Meister Jesus uns einlud, in diese Harmonie vorzudringen. Man tritt dabei in eine innige Liebesbeziehung mit *der* Quelle. Daher gehörte diese Praktik für Ihn zu den schönsten, die es gibt. Entsprechend gibt es für diese erste Phase der Übung zum achten Chakra weder Vorschriften zur Atemtechnik noch eine zeitliche Beschränkung.

b) Wir gehen mit dem Bewusstsein über unseren Körper und blicken auf unsere Schädeldecke herab.

Die zweite Übungsphase besteht darin, in den Raum vorzudringen, der vom Strahlen des achten Chakras erfüllt ist. Jeshua bat uns zu versuchen, mit der weißen Sonne unseres höheren Bewusstseins eins zu werden und uns von oben zu betrachten.

Der Vergleich der Visualisierung mit einem Duschkopf, dessen Position wir einnehmen sollen, entstammt natürlich der modernen Welt. Immerhin ist das Bild sprechend, insofern als die Sonne des achten Chakras goldene Lichttröpfchen auf unser Haupt fallen lassen soll. Wir werden also wirklich einer heiligen Dusche unterzogen.

Ich habe das Wort Visualisierung verwendet. Man muss aber wissen, dass dieser Begriff in der Lehre Christi eher im Sinne einer Identifikation gebraucht wurde.

Wer die Übung macht, muss so weit als möglich mit *Tekla* verschmelzen. Darin liegt das Geheimnis des vollen Erfolgs.

Dazu muss der Meditierende bist zu einem gewissen Grad in der Lage sein, das Bewusstsein aus seinem Körper herauszusetzen. Damit meine ich jedoch keineswegs ein Heraustreten wie bei einer Astralreise. Das ist etwas ganz anderes. In unserem Fall ist lediglich Entspannung erforderlich, sowie eine gewisse geistige Beweglichkeit, die es ermöglicht, sich vom Einssein mit der materiellen Wirklichkeit zu lösen - sei es auch nur ganz kurz.

c) d) Sobald wir uns auf die Ebene der Sonne des achten Chakras eingeschwungen haben, lassen wir Goldtröpfchen auf den Scheitelpunkt des Kopfes herabregnen. Dann verschränken wir die Arme auf der Brust über unserem Herzen und verharren in Schweigen.

Wir gönnen uns damit eine regelrechte Lichtdusche, bei der wir zugleich Sender und Empfänger sind - und wirklich verströmt sich unsere göttliche Dimension auf unser inkarniertes Sein, reinigt es und überflutet es mit heiligem Wissen. Diese Arbeitsphase ist eine Synthese aller vorausgehenden Reinigungsübungen. Das ist leicht zu verstehen.

Damit wir noch tiefer in die Übung eindringen konnten, forderte Jeshua uns auf, zu spüren, wie die Goldtropfen über unseren ganzen Körper rinnen, als würden wir wirklich unter der Dusche stehen oder ein Regen auf uns niedergehen.

Man kann sich natürlich fragen, wie es möglich ist, sein Bewusstsein in der weißen Sonne über dem Kopf zu halten und zugleich die Goldtröpfchen auf seinem Körper zu spüren - dann müsste das Bewusstsein ja wieder auf den 'physischen Plan' zurückgekehrt sein.

Einige von uns sprachen diesen scheinbaren Widerspruch dem Meister gegenüber auch an: *"Wie können wir uns gleichzeitig 'außerhalb' unserer körperlichen Wirklichkeit befinden und doch mit ihr verbunden sein?"*

Die Antwort, die wir erhielten, verwies uns zurück auf uns selbst, denn sie war einfach und kompliziert zugleich.

"Meine Freunde, das Geheimnis hinter dieser Frage besteht allein in der Meisterschaft selbst ... Es lässt sich nicht in Worte fassen. Das Mysterium, welches sich dahinter verbirgt, kann einem menschlichen Ohr aus Fleisch und Blut durch keine Erklärung der Welt vermittelt werden.

Der vermeintliche Widerspruch, der euch da beschäftigt, kommt daher, dass ihr wieder einmal Trennungen einführt und zwischen 'Innen' und 'Außen', 'oben' und 'unten' strikt unterscheiden wollt ...

Ich sage euch, wenn es euch gelingt, wahrhaft in die Sonne des höheren Bewusstseins einzutauchen, werdet ihr alsbald merken, wie überflüssig eure Frage doch ist. Ihr seid dann mit allem eins. Eure Seele und euer Geist werden sich mit eurer Hautoberfläche ebenso vereinigt haben, wie mit den Tiefen eurer Eingeweide.

Glaubt mir, diesen gesegneten Zustand kann keine Übung der Welt euch näherbringen. Er ist die Synthese der Myriaden über Myriaden von Wegen, auf denen euer Wesen seit Anbeginn der Zeiten gewandelt ist. Sie ist bei jedem anders.

Es gibt für jeden Menschen von jeher ein Geheimnis. Daher rate ich euch: Sehnt den Zustand nicht herbei, in dem ihr euch in Tekla zurückziehen könnt und all eure Wirklichkeiten zu einer verschmelzen. Ja, ihr habt mich recht verstanden ... Begehrt ihn nicht ... denn solches Begehren bremst euch bereits aus. Es reißt euch aus dem gegenwärtigen Augenblick. Doch gerade in ihm liegt der Schlüssel."

Ich weiß nicht, ob in jener Nacht auf dem Berge Tabor, irgendjemand von uns in der Lage war, auch nur eine einzige Sekunde lang, den Zustand der Vereinigung zu erleben, den der Meister angesprochen hatte. Niemand sagte ein Wort. Doch wir hatten alle etwas ganz Wichtiges verstanden:

Hinter den Übungen, die wir noch über Monate oder gar Jahre hinweg fortsetzen würden, stand eine Wahrheit, die wir niemals vergessen durften: Die Wahrheit des gegenwärtigen Augenblicks. Sie erinnerte uns daran, dass wir niemals vorauseilen und in die Zukunft flüchten durften - zu einem 'Anderswo' oder etwas ganz Anderem, als wir in dieser Sekunde waren.

Ja, wir würden alles tun, um uns zu reinigen, weil wir das, was wir wollten, wirklich wollten ... Aber es gab vor allem eine Wahrheit, der wir unsere Herzen öffnen konnten: Es gab einen Punkt in uns, der über alles erhaben war. Nichts konnte ihn erreichen oder vernichten. Wir wussten, dass wir uns Ihm zuwenden mussten, was auch immer geschah. Heute, zweitausend Jahre später, können wir diesem Punkt einen Namen zu geben - diesem Diamanten der Zeitlosigkeit. Es ist unser innerer Christus.

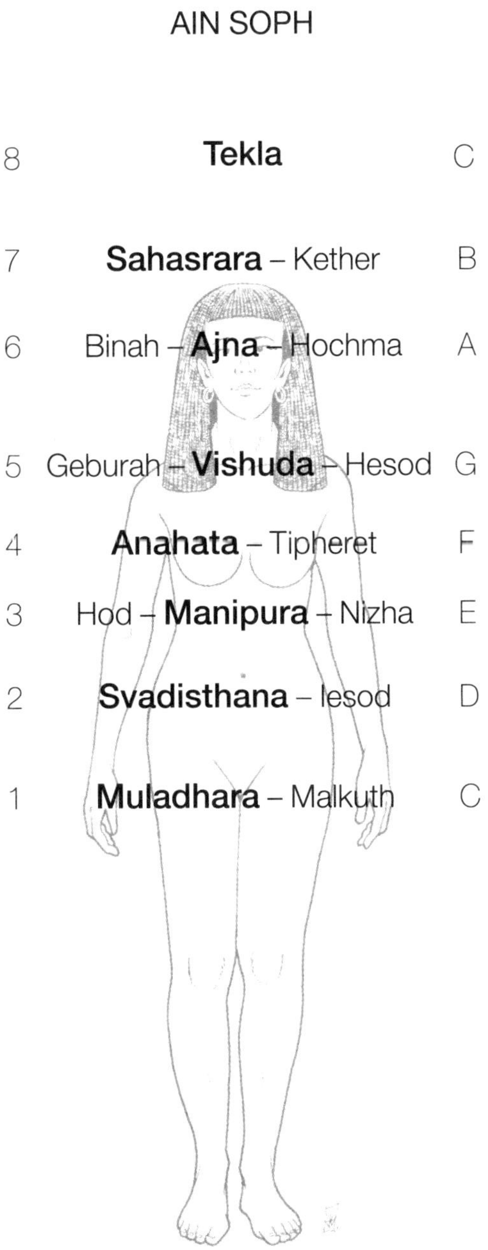

AIN SOPH

8 **Tekla** C

7 **Sahasrara** – Kether B

6 Binah – **Ajna** – Hochma A

5 Geburah – **Vishuda** – Hesod G

4 **Anahata** – Tipheret F

3 Hod – **Manipura** – Nizha E

2 **Svadisthana** – Iesod D

1 **Muladhara** – Malkuth C

Chakras und Sephiroth

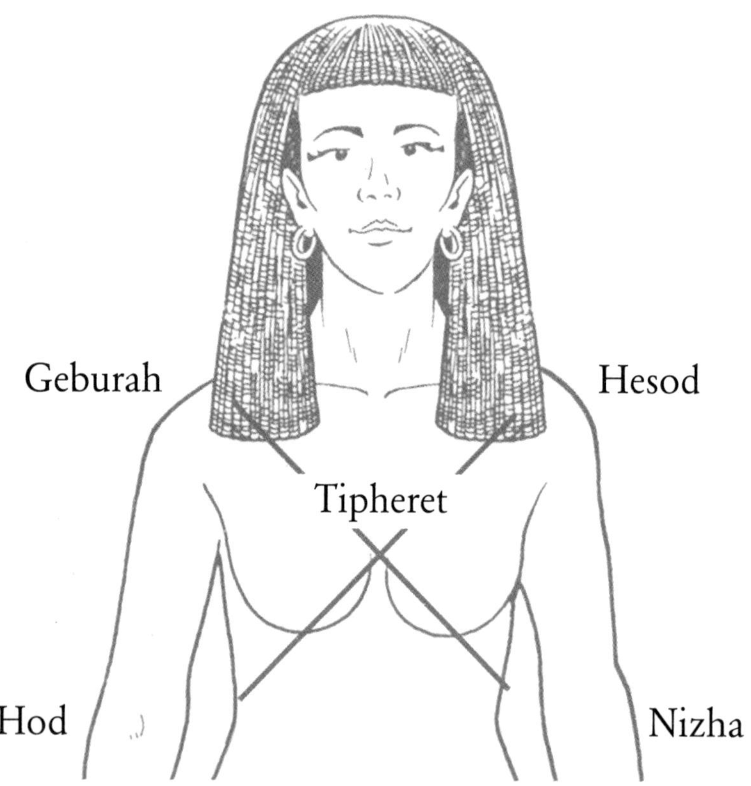
Geburah
Hesod
Tipheret
Hod
Nizha

Notizen

Notizen

Notizen

Über den Autor

Daniel Meurois wurde 1950 in Frankreich geboren. Als wahrer Erforscher der neuen Bewusstseinsfelder ermutigt er uns, die Pluralität unseres Universums zu entdecken und neu zu betrachten und natürlich auch einen neuen Blick auf uns selbst zu werfen, immer auf der Suche nach unserer Identität. Doch hinter dem kühnen Philosophen und Lehrer verbirgt sich ein authentischer Schriftsteller, besorgt um die Schönheit der Sprache - als Ausdruck für die Schönheit des Lebens.

Das literarische Werk von Daniel Meurois ist vielseitig, beeindruckend, mitunter auch überraschend, und dabei immer außergewöhnlich und bahnbrechend.

Nicht ohne Grund sind viele der Bücher, die er im Laufe seiner über vierzigjährigen Tätigkeit als Autor geschrieben hat, internationale Bestseller geworden. Mit 38 Büchern und 80 Veröffentlichungen in 17 verschiedenen Sprachen ist Daniel Meurois als Pionier des neuen Bewusstseins bekannt. Er ist spirituell auf der Suche, fernab aller Dogmatik.

Heute lebt Daniel Meurois in der Nähe von Quebec und arbeitet unablässig daran, das Bewusstsein der Menschen durch sein einmaliges literarisches Werk sowie seine Seminare und Vorträge zu wecken.

www.danielmeurois.com

224 Seiten, broschiert,
ISBN 978-3-89845-598-5
€ [D] 22,00

Daniel Meurois

Das große Buch der Akasha-Chronik

Der Zugang zum universellen Weltengedächtnis

Daniel Meurois beweist, dass er sich kraft seines Bewusstseins durch die Zeit bewegen kann. Er beschreibt, wie er Zugang zur Akasha-Chronik erlangt und durch welche Arten des Reisens er sich in der Zeit bewegt. Er erläutert die Anatomie der Akasha-Chronik und lässt uns teilhaben an seinen realen Erfahrungen aus den Tiefen der Zeit. Damit bietet er uns einen einmaligen Einblick in das universelle Weltengedächtnis, durch den wir entdecken, dass die metaphysische Erfahrung der Raum-Zeit-Dimension die Tür zum Göttlichen in uns selbst weit öffnet.

448 Seiten, broschiert
ISBN 978-3-89845-462-9
€ [D] 19,95

Daniel Meurois & Anne Givaudan

Essener Erinnerungen

Die spirituellen Lehren Jesu

Ein einzigartiges Dokument Zeit über die Bruderschaft der Essener, bei denen Jesus von Nazareth seine spirituelle Unterweisung erhielt, und über das geheime Leben Jesu:
Entdecken Sie das Leben und Wirken der Essener zur Zeit Jesu und erfahren Sie mehr über ihre Bedeutung bei der Vorbereitung der Mission Christi und über die ursprüngliche Botschaft Jesu.

224 Seiten, broschiert
ISBN 978-3-89845-656-2
€ [D] 20,00

Daniel Meurois

Parallele Universen

In meines Vaters Haus sind viele Wohnungen

Das Thema der Paralleluniversen fasziniert uns heute mehr denn je. Daniel Meurois ist einer der Menschen, der unmittelbare Erfahrungen damit macht. Hier berichtet er von einer Reihe überraschender Vorstöße in die Vielfalt der Lebensräume unseres Universums. Er lädt uns ein in die Welten der Elfen und Erzengel, des Traumes, des Lebens nach dem Tode, der Maya und der Archetypen. In diesem Sinne bietet dieses Buch eine »Einweihung« in multidimensionale Wirklichkeiten.
Parallele Universen ist eine hochinteressante Leseerfahrung, die jeden begeistern wird, der ein höheres Bewusstseinsniveau anstrebt.

304 Seiten, broschiert
ISBN 978-3-89845-629-6
€ [D] ca. 25,00

Daniel Meurois

Von oben betrachtet

Ein überirdischer Dialog mit der galaktischen Bruderschaft

Dieser Dialog mit einem Boten der galaktischen Bruderschaft gewährt Einblicke in neue Ebenen der Wahrnehmung und ermöglicht es, in Höhen aufzusteigen, von denen aus gesehen unser Leben eine völlig andere Bedeutung bekommt ...
Ein Zugang zum Verständnis des Lebens auf unseren Nachbarplaneten und zum Wandel unseres Bewusstseins und eine ganz besondere Begegnung für alle, die es wagen wollen, ihre inneren Grenzen zu überschreiten.

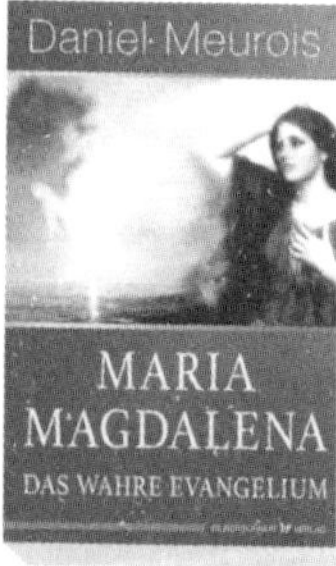

208 Seiten, broschiert
ISBN 978-3-89845-640-1
€ [D] 20,00

Daniel Meurois

Maria Magdalena – das wahre Evangelium

Was wäre, wenn Maria Magdalena gar nicht die 'reumütige Sünderin' gewesen wäre, als die sie in offiziellen Texten dargestellt wird?
Bis vor kurzem war der Öffentlichkeit völlig unbekannt, dass jene Frau die Inspirationsquelle eines Evangeliums ist. Das Manuskript, welches ihren Namen trägt, wurde Ende des 19. Jahrhunderts entdeckt. Der Text ist faszinierend ... war aber leider unvollständig, zahlreiche Seiten fehlten.
Daniel Meurois hat sich ins Gedächtnis der Zeit vertieft und macht uns dadurch ein großes Werk ganz neu zugänglich: das verschollene Evangelium der Maria Magdalena.

384 Seiten, broschiert
ISBN 978-3-89845-521-3
€ [D] 19,95

Daniel Meurois

Jesus' Jüngerinnen

Das geistige Erbe der drei Marien

Christus hatte nicht nur männliche Begleiter, sondern auch weibliche, unter denen sich insbesondere die drei Marien hervortaten: Maria-Magdalena, Maria-Jakobea und Maria-Salome.
Nehmen Sie an der Begegnung der drei Frauen teil und lernen sie den Mensch Jesus und dessen Lehren aus weiblicher Perspektive kennen.
Erstaunlich leicht lässt sich Jesus´ Lehre auf die Gegenwart übertragen und kann zum Schlüssel einer geistigen Erhebung werden, die wir in den heutigen, bewegten Zeiten so dringend brauchen.

Daniel Meurois

Die ursprünglichen Lehren Christi und wer Jesus wirklich war

Erleben Sie den wahren Jesus in seinem alltäglichen Umfeld und erhalten Sie ein völlig neues Bild von ihm, das auch die verborgenen Seiten seiner Lehre beleuchtet. Das Buch zeigt, wie die Wunder, die Christus vollbracht hat, zu verstehen sind, wie er alltäglich außerhalb seiner Lehren lebte, wie sich das Leben seiner Mutter Maria gestaltete, was wirklich nach der Auferstehung geschah, wie seine Worte tatsächlich zu verstehen sind. Sie werden überrascht sein von den neuen Einsichten und Erkenntnissen und die Lehre Christi ganz neu erfahren.

240 Seiten, broschiert
ISBN 978-3-89845-555-8
€ [D] 16,95

Daniel Meurois

Karmische Krankheiten

Wer hat noch nie etwas über hartnäckiges Asthma gehört, Hautkrankheiten, die einfach nicht weggehen wollen, seltsame Beschwerden, die von einem Organ zum nächsten wandern oder unerklärliche Ängste? Anhand einer großen Anzahl von Fallbeispielen zeigt uns der Autor auf, was die Ursachen von bestimmten Krankheiten sein können, denen die Schulmedizin häufig machtlos und auf verlorenem Posten gegenübersteht. Er zeigt uns auf, welche Rolle dabei Erinnerungen aus früheren Leben spielen können und hilft uns, uns besser kennen zu lernen und in bisher wenig erforschte Bereiche von uns selbst vorzudringen. Das Erkennen des karmischen Ursprungs einer Krankheit wird damit zum Ausgangspunkt für eine wahre innere Entwicklung, die in der Lage ist, uns an Leib und Seele zu heilen.

144 Seiten, broschiert
ISBN 978-3-89845-193-2
€ [D] 12,90

Dr. med. Antoine Achram; Anne Givaudan

Auralesen und alte Therapien der Essener

Vor 2000 Jahren lehrten die Essener die Methoden des feinstofflichen Heilens, die in diesem umfassenden Buch praktisch und leicht verständlich erklärt werden. Eine wahre Fundgrube an subtilen, aber einfach anwendbaren Ratschlägen für alle, für die Gesundheit nicht einfach durch die Einnahme einer Pille erlangt werden kann.

238 Seiten, broschiert
ISBN 978-3-89845-194-9
€ [D] 13,90

160 Seiten, broschiert
ISBN 978-3-89845-387-5
€ [D] 14,95

Daniel Meurois-Givaudan

Die ungeborene Seele

Einfühlsam berichtet Daniel Meurois-Givaudan über den Weg der Menschen, die den Verlust eines ungeborenen Kindes verkraften müssen und sich der Problematik von Abtreibungen, der Bitternis von Fehlgeburten und den oft so schmerzlichen Fragen rund um komplizierte Geburten stellen müssen. Er hilft ihnen, einen banalisierten, verheimlichten und nur allzu oft verleugneten Schmerz zu überwinden und ihre Verletzungen und Wunden zu heilen.

400 Seiten, gebunden
ISBN 978-3-89845-541-1
€ [D] 26,95

Carola Hempel

Die Quelle der Spiritualität

Die Verbindung von Wissenschaft, Religion und Philosophie

Sind die großen Religionen wirklich so unterschiedlich, wie wir heute glauben? Haben nicht alle Religionen einen Kern?
Dieses Buch deckt die wahren Inhalte der Lehren der Religion, Esoterik und Naturwissenschaft auf. Erstmalig wird hier der übergeordnete rote Faden aufgezeigt, der alle großen Lehren, Philosophien, Religionen und die gesamte Bandbreite der Spiritualität mit ihren vielen Facetten verbindet.

320 Seiten, 2-farbig, broschiert
ISBN 978-3-89845-621-0
€ [D] 18,00

Sara Léux

Die neue Weiblichkeit leben

Sei stark, wild und leuchtend

Das neue Gesicht des Weiblichen.
Die neue Weiblichkeit leben ist ein Buch für moderne Frauen. Ein Buch für mutige Frauen und solche, die es werden wollen. Ein Erlebnis für Körper, Seele und Geist, damit deine Weiblichkeit immer stärker hervortreten und leuchten kann.
»Du bekommst mit diesem Buch das gesamte Rüstzeug an die Hand, um dich mit den reinen, hohen Schwingungen der weiblichen Aspekte zu verbinden und sie in dein Leben hineinzunehmen. So ist es ein Erlebnisbuch für dich – für die Erweckung deiner Urweiblichkeit und deiner Selbstheilung.«
Sei frei und lebe deine neue Weiblichkeit.

192 Seiten, broschiert
ISBN 978-3-89845-534-3
€ [D] 14,95

Marie Johanne Croteau-Meurois

Das Elfentor

Unsere Verbindung zur Anderswelt

Treten Sie ein in die Welt der Elfen voller Magie und Licht. Dieses Buch schildert wahre Begebenheiten des Lebens der Elfe Gwenedys, die beschließt, ihre Welt zu verlassen und fortan in der Welt der Menschen zu leben. Durch ihre Schilderungen erhalten wir faszinierende Details des Lebens der Elfen – einem Elfenleben, das weit entfernt ist von den Märchen und Legenden unserer Vorstellungswelt.
Entdecken Sie die zauberhafte Anderswelt, und begegnen Sie wundervollen Elfen, die auch in unserer irdischen Welt ihren Zauber hinterlassen haben ...

336 Seiten, 2-farbig, inkl. Lesezeichen, broschiert
ISBN 978-3-89845-570-1
€ [D] 19,95

Miriam Oberstaller & Helene Sarah Gruber

Ein Geschenk des Himmels für dich und mich

Die wesentlichen Fragen an das Leben

Die Schnelllebigkeit unserer Zeit und immer neue Aufgaben konfrontieren viele jeden Tag mit neuen Herausforderungen und immer wieder auftauchenden Fragen.
Die drängendsten Fragen an das Leben haben zahlreiche Menschen für dieses Buch gesammelt, und die geistige Welt hat jede einzelne davon liebevoll beantwortet ...
Einfühlsam, berührend und mit viel Humor führt die geistige Welt durch dieses Buch und schenkt in ihren Antworten Kraft und Segen. Dieses Buch möchte Menschen wieder zur Einfachheit führen, in die Selbstermächtigung und Selbstliebe.

224 Seiten, Klappenbr.
ISBN 978-3-89845-372-1
€ [D] 16,95

Myra

Kundalini – Die Lebenskraft des göttlichen Feuers

Die jahrtausendealte Kundalini-Lehre bietet ein vielschichtiges und durchdachtes System der Persönlichkeitsentfaltung, was sie ungeheuer wertvoll macht. Ihr Ziel ist der harmonisierte, gelassene, angstfreie und weise Mensch. Saint Germain beschreibt in diesem Buch verschiedene Wege und Übungen, um sich der alten Lehre von der Kundalini-Energie zu nähern. Ist sie wieder in das Leben integriert, wird die Gesamtpersönlichkeit des Menschen geweckt, dank derer er in der Lage ist, die höheren Seinszustände zu erreichen und die Christus-Buddha-Natur in sich zu verwirklichen. Mit praktischen Übungen für den Alltag.

Weiterführende Informationen zu
Büchern, Autoren und den Aktivitäten
des Silberschnur Verlages erhalten Sie unter:
www.silberschnur.de

Natürlich können Sie uns auch gerne den
Antwort-Coupon aus dem beiliegenden
Lesezeichenflyer zusenden.

Ihr Interesse wird belohnt!